Abandonando el Barco

Cómo evitar que sus hijos abandonen el barco

por Michael Pearl

CONTENIDO

ABANDONANDO EL BARCO

CAPÍTULO 1

ABANDONANDO EL BARCO

El movimiento de educación en el hogar ha madurado hasta el punto en el cual tenemos una cantidad grande de graduados, los cuales podemos consultar para evaluar nuestros éxitos y fracasos, y si es necesario, modificar nuestro curso. La primera ola de educados en el hogar, con edades de finales de los veintes hasta principios de los treintas, se ha casado y tiene sus propios hijos. Hay muchas anécdotas de éxito entre ellos. Los éxitos se pueden medir en la gran cantidad de abogados, doctores, científicos, maestros y estadistas que ahora hacen una diferencia en el mundo y en las vidas de los individuos que Dios pone a su alcance. Pero el éxito se mide mejor por la estabilidad emocional y la perspectiva espiritual que la gente joven educada en el hogar ha llevado a sus matrimonios.

Independientemente, del prestigio de sus vocaciones, ahora tenemos una generación nueva de padres piadosos, que no fueron amamantados por el mundo. Ahora están edificando matrimonios celestiales y levantando una generación fresca y nueva de hijos piadosos. Mientras el sistema de escuela pública se sigue degenerando produciendo analfabetas, marxistas, adictos a las drogas y al sexo; el movimiento de educación en el hogar produce ciudadanos inteligentes, que piensan con claridad, y seguros de sí mismos para ponerse de pie en medio de la cascada de corrupción y declarar su alianza con Dios y con la familia.

Sin embargo, no todos los educados en casa han sido historias de éxito. Unos pocos no alcanzan plenamente la norma, mientras un pequeño porcentaje fracasa por completo. No todas las familias educadoras en el hogar son iguales ya que los hijos educados en el hogar son el producto directo de la cultura que sus padres les proporcionaron. No hay nada mágico acerca de la educación en casa por sí misma. Es solamente un contexto en el cual se puede llevar a cabo la crianza de los hijos sin la interferencia de un gobierno humanista y la influencia de la creciente variedad de culturas contemporáneas, que están causando la "diablo-lución" de la sociedad. Cuando los padres eligen educar en casa, están escogiendo ser el principal ejemplo y la cultura prevaleciente para sus hijos. Están "clonando" su cosmovisión y todo esto es un compromiso enorme ante Dios.

Sin embargo, hay fracasos y estos pueden rastrearse hasta dos problemas principales. En primer lugar, algunos padres simplemente no son un buen modelo para ser "clonados". Esto es, ni siquiera el mundo quiere o necesita más gente "así como ellos." En segundo lugar, y esta será el tema principal de nuestra presentación, no hay nada fácil ni automático respecto a la clonación cultural. No puedes dar por sentado que tus hijos van a adoptar tu perspectiva de la vida. Se requiere de un compromiso serio y de sabiduría para duplicar tu corazón y alma en tus hijos.

Hubo un tiempo, hace muchos años, cuando la vida comunitaria (la iglesia, la escuela, parientes, amigos y vecinos) todos contribuían a señalar a los niños el camino correcto, una dirección piadosa. A veces, cuando los padres fallaban en ser buenos instructores y ejemplos, su deficiencia era compensada por los abuelos, tíos, primos, los maestros en las escuelas públicas y la iglesia local; en torno a los cuales giraba toda la vida social. Pero ahora no más. La iglesia promedio de hoy enviará a tus hijos al infierno tan rápidamente como el video club local. La vida comunitaria prácticamente ha desaparecido, junto con el antiguo pórtico en la fachada y la abuelita que se sentaba ahí desgranando elotes para la cena. Hoy en día, tienes que estar alerta hasta de los tíos y primos, que quizá intenten molestar sexualmente a tus hijos. Nuestra cultura actual nos causa tanto temor como para que alguna familia prefiera irse a las selvas del Amazonas, sorteando narcotraficantes, anacondas, la malaria y dictadores socialistas.

Estamos recibiendo demasiadas cartas de papás que nos dicen que sus hijos mayores, de entre 15 y 18 años, están abandonando el barco, cambiando de bando y buscando el significado de la vida del otro lado de las vías. Los papás están horrorizados. Nos dicen: "Los mantuvimos lejos de la televisión. Educábamos y adorábamos en el hogar. Teníamos cuidado de juntarnos solamente con familias de filosofía similar. Les enseñábamos la Palabra de Dios y los protegíamos de influencias malas, pero en la primera oportunidad que tuvieron, se unieron al desfile del mundo, sin ninguna vacilación." Una mujer nos escribió que descubrió que sus dos hijos adolescentes, educados en el hogar, habían participado en la sodomía desde muy jóvenes. Otra familia descubrió que cada uno de sus ocho hijos participaba en incesto de grupo, de la peor clase. Los hijos en todos lados están encontrando maneras de accesar la pornografía en el Internet. Un jovencito se metía a la casa de los vecinos cuando éstos no estaban para ver pornografía en el Internet. Una muchacha de dieciséis años abandonó su casa y se fue a vivir con un drogadicto. En dos años, era una borracha y drogadicta, con un hijo y una mandíbula rota, cortesía del hombre con quien vivía quien la golpeo por contestarle mal. Cuando una familia descubrió que sus hijos habían cometido incesto, la madre y el padre dejaron de asistir a la iglesia, y comenzaron a beber. Toda la familia se fue al infierno con una actitud que decía: "me vale." Después, una de las chicas, ya grande, nos escribió para censurar y lamentar su vergonzosa condición. Nos contó como la familia había tenido sus devocionales cada día y que no veían la televisión. Hacían todas las "cosas correctas", pero simplemente no se adhirió a los niños. Ella fue salva después de casarse y tener tres hijos, y luego se preocupó por el resto de su familia, especialmente por su hermana lesbiana.

Yo sé que esto es deprimente para ti porque me ha deprimido escribirlo. Pero necesitas estar advertido para que te armes para la batalla espiritual por las almas de tus hijos. Así que la pregunta que busco contestar es: "¿Qué puedo hacer para asegurar que mis hijos no abandonen el barco cuando lleguen a los 16 ó 18 años de edad? Permíteme replantear la pregunta de varias maneras, para ver si captas una pista de lo que puede ser la respuesta.

- ¿Qué puedo hacer para asegurar que mis hijos en verdad abrazen los valores que enseñamos?
- ¿Qué puedo hacer para preparar a mis hijos para resistir las tentaciones del mundo?
- ¿Cómo puedo impartir un conocimiento del bien y el mal a mis hijos que les impulse a escoger el bien?
- ¿Cómo puedo advertir y preparar a mis hijos, sin quitarles la inocencia?
- ¿Cómo les puedo enseñar a amar la justicia y odiar la iniquidad?
- ¿Cómo los animo a ser pacientes y esperar el cónyuge que Dios ha preparado para ellos?

Es difícil para mí comunicarme con muchos de ustedes, porque han sido cegados por la "religión". Aun al leer esto, están pensando que estoy hablando de alguien más y no de ustedes. Están confiados de que su familia está segura en los principios bíblicos y la devoción religiosa. Les has dado un "cristianismo prefabricado" y los has aislado de cualquier influencia exterior y estás confiado de que están seguros detrás de la cerca.

Hay dos áreas problemáticas que debes de considerar. La primera es tu propio ejemplo negativo. Entiendo que comiences a cansarte de mis actitudes negativas y críticas especialmente en esta área. Quieres oír algo positivo y quieres una solución fácil. Yo sé, basado en mis 50 años de reflexión y experiencia, que nosotros los hijos de Adán queremos los frutos apacibles de justicia, pero los queremos en un sistema que se pueda aplicar desde afuera sin entrometerse en nuestro santuario personal. Cuando las cosas van mal en el trabajo, nos reorganizamos, intentamos hacer las cosas de otra manera, tenemos reuniones para motivarnos unos a otros, descubrimos secretos que revolucionarán la producción. Tal vez tengamos que admitir que ignorábamos ciertas cosas y que hay una mejor manera de hacer las cosas y tendremos que hacer algunos cambios. Podemos vivir con esto y no por eso sentirnos menos en nuestro ego. Pero admitir que en lo más profundo de nuestras almas somos malvados, feos, crueles, egoístas, indiferentes, ocupados en vanidades, lujuriosos, y en general, simplemente personas de lo peor que no somos idóneos para ser amigos de nadie, mucho menos buenos padres, es un arrepentimiento que muy pocos padres están dispuestos a confesar.

Queremos una solución tipo hágalo-usted-mismo para nuestra familia enferma, pero que deje en paz nuestras almas personales. En otras palabras, no queremos arreglar toda nuestra vida sino solamente los problemas visibles en las vidas de nuestros hijos. No queremos ser molestados por nada excepto el pobre estado de las vidas de nuestros hijos. Si los podemos arreglar a ellos podemos seguir viviendo con el resto de la situación existente. Pero esta manera de pensar NUNCA funcionará porque somos personas enteras. No puedes ser un buen padre sin ser un buen esposo o esposa. No puedes ser un buen padre sin ser una persona disciplinada y con dominio propio. No puedes ser un buen ejemplo para tus hijos sin ser un buen ejemplo para todos los que te conocen. Los buenos papás y mamás cristianos solamente se fabrican de buenos cristianos. No puedes andar bien en un área mientras andas mal en otras. Somos personas enteras, y tenemos que entender que para "arreglar" cualquier problema en el entrenamiento de nuestros hijos se debe involucrar a la persona entera. En pocas palabras, te estoy llamando a ti –la persona entera– a un arrepentimiento personal. El "arreglo" vendrá poco tiempo después.

Tú tienes que ser todo lo que quieres que sean tus hijos. No puedes empujar ni jalar a los jóvenes a una vida piadosa ni al cielo;

tienes tú que ir por delante como líder. Este será el primer punto en nuestra plática. El segundo problema es que no debes suponer que la inocencia es una cerca de protección. El enemigo no siempre está "afuera" de tu hogar. Hay un enemigo suficientemente grande y suficientemente malo dentro de la carne de tus propios hijos para asustar hasta a un ángel. Un joven que nunca ha escuchado acerca del sexo, que nunca ha visto un ejemplo, que nunca ha sido tentado por una fuente exterior, puede descubrirlo por sí mismo y luego puede terminar cometiendo incesto. Padres genuinamente buenos, que proporcionan ejemplos piadosos pueden ver a sus hijos descender al libertinaje justo en medio de su santuario tan cuidadosamente edificado y tan apropiadamente mantenido. Mientras papá y una mamá montan guardia a la puerta que conduce al mundo, los niños descendientes de Adán pueden construir su propia Sodoma de la nada, justo bajo el mejor ejemplo que los padres amantes, cuidadosos y atentos pueden brindar.

Hay una solución que pronto veremos, pero por favor entiende que no se encuentra en realizar las cosas externas del cristianismo. No debes enfocar tus esfuerzos a la construcción de muros para mantener fuera de tu hogar la oscuridad exterior. Debes construir muros internos que permitan la entrada de mucha luz celestial.

SOBRE TODO

Para comenzar, necesitas convencer a tus hijos de tu cosmovisión. Y tiene que ser una presentación atractiva, agresiva y convincente, puesto que no eres el único vendedor tratando de convencer a tus hijos. Necesitan estar personalmente convencidos de que la cosmovisión que tú recomiendas y ejemplificas, es la mejor de todas las alternativas. No van a ser engañados por el fingimiento. Para cuando tu hijo tenga dieciséis años de edad, te conocerá mejor de lo que tú mismo te conoces. Los jóvenes forman sus valores, basándose en lo que ven que realmente es un valor. Nadie puede obligar a otra persona a que acepte sus valores. Generalmente, todos valoran lo que promete cumplir sus deseos más profundos. Si lo que ofreces a tus hijos no les agrada, lo rechazarán, como deben hacerlo. ¿Por qué habría alguien de escoger un camino que parece conducir a la infelicidad, al aburrimiento o a la soledad? ¿Cómo puede alguien valorar lo que no tiene valor? Los jóvenes quieren romance y pasión. Las muchachas quieren ternura y seguridad con su pasión. Los muchachos quieren un desafío que los lleve a una conquista. Todos necesitan una visión y los medios para obtenerla. La búsqueda de bondad y productividad no es suficiente para contener a un joven de dieciséis años. El deber y la respetabilidad probablemente no sean sus impulsos motivadores más fuertes.

Muchas familias operan con base en la tradición de ser "buenas personas cristianas". Son trabajadores, honrados y respetables. Escogen vivir una "vida buena" y evitar las consecuencias del pecado, así que claramente esperan que sus hijos vean la sabiduría de este estilo de vida, y que lo elijan también para ellos. Atribuyen su buen estilo de vida a sus convicciones religiosas y esperan que sus hijos así lo entiendan. No pueden ni siquiera imaginar que sus hijos pudieran escoger la vida obviamente menos satisfactoria y más baja de pecado vergonzoso.

Los padres cometen el error de pensar que su "vida buena" es automáticamente una recomendación para la vida cristiana, pero una "vida buena" puede ser vivida por cualquier persona de cualquier religión, o hasta por un ateo; eso se comprueba por la mera observación. Hay algunos sodomitas en las escuelas públicas que son más felices que algunos cristianos. Hay fornicarios y adúlteros que se aman más de lo que algunos padres cristianos se aman el uno al otro. Las películas presentan a personas inmorales y malas como personas llenas de vida y diversión. Los videojuegos presentan a mujeres de bustos grandes y a jóvenes con grandes músculos que vencen a sus adversarios, estos videojuegos proporcionan a los muchachos el sentido de conquista que necesitan. Un viaje al centro comercial revela al joven que hay muchísima "diversión" del otro

13

lado de la cerca. ¿Qué tienes tú que ofrecer que sea mejor que eso? ¿Cómo saben ellos que lo que ofreces realmente es mejor? Los niños vienen a este mundo sin conocimiento del bien y del mal. Los padres piensan que si pueden mantener a sus hijos sin conocer el mal entonces, en consecuencia, harán lo bueno. ¿Pero acaso no estaban Adán y Eva rodeados solamente de lo bueno y aún así escogieron lo malo? No hay cristianos de segunda generación. Cada hijo inventa su propia vida con base en su percepción de lo que satisface.

En realidad, solo hay dos tipos de vida que se pueden vivir en este planeta. La "vida natural", ya sea que haga el bien o el mal, o algo entre los dos, y la "vida en Cristo", que es infinitamente más que una vida de "ser bueno" o de hacer lo bueno. Jesús dijo: "He venido para que tengan vida, y para que la tengan en abundancia" (Juan 10:10). La vida en Cristo es una vida abundante de gozo y amor. Es una vida de honestidad, discernimiento y servicio con sacrificio. No hay hipocresía en la vida en Jesús. "Mas el fruto del Espíritu es amor, gozo, paz, paciencia, benignidad, bondad, fe, mansedumbre, templanza…" (Gálatas 5:22-23). Pedro dice: "Os alegráis con gozo inefable y glorioso" (1 Pedro 1:8). ¿Tus hijos te conocen como una persona que se alegra con "gozo inefable"? ¿Ven tu vida como una vida "gloriosa"? Entonces, ¿qué tienes que ofrecer a tus hijos que los hará aferrarse a tu cosmovisión? ¿Cómo es que la vida que has escogido es mejor que otra? Demuéstraselo a ellos sin gozo, y habrás hecho lo absurdo.

Una vida "buena" sin ninguna pasión no vale la pena ser repetida. El amor siempre es apasionado, al igual que el gozo y la paz. La paciencia es apasionada en su quietud reservada, considerando las necesidades y los sentimientos de otros. La benignidad y la bondad son virtudes que apuntan a Dios como una flecha grande y roja. La fe es tan bella como las alas de un querubín. La mansedumbre nunca permite que otro se sienta inferior, y la templanza o dominio propio es la demostración más visible del poder de Dios en nuestra vida. ¡El fruto del Espíritu es en verdad, muy atractivo! Los jóvenes son atraídos por la gente atractiva. Si sus padres no son atractivos, fijarán su vista de admiración en alguien que sí sea atractivo. Un espíritu alegre y jovial que reparte elogios es atractivo para todos. Las convicciones religiosas que se presentan nada más como una fachada son tan atractivas como el que alguien estornude en tu cara.

El problema es que los jóvenes no son lo suficientemente sabios como para discernir la diferencia entre el gozo genuino y la risa barata. Pero pueden discernir fácilmente cuando sus padres no tienen nada de gozo. Y luego, se topan con una persona del mundo que es alegre y llena de diversión. ¿Qué esperas que hagan? Ellos no ven el cinismo y la rebelión escondida atrás del gozo fingido. Solamente saben que por primera vez en sus cortas vidas han encontrado un contexto para sus pasiones. Cuando están con ese tipo de personas, se sienten vivos. De repente tienen esperanza de que la vida no siempre vaya a ser tan aburrida e insípida.

Encuentran una aprobación incondicional de parte de las personas de las tinieblas, y puesto que en realidad nunca han experimentado el amor de Dios en el contexto de su hogar, piensan que este es el amor que siempre les ha hecho falta. Ellos saldrán de la presencia de sus aburridos padres, para meterse en la guarida del diablo sin la menor duda de que, por fin, han encontrado el significado verdadero de la vida. No cabe duda que son necios, pero sus padres eran neciamente ingenuos, creyendo que sus jóvenes se conformarían con una vida mediocre, con una religión de normas, pero sin pasión que nunca les trajo una fuente de gozo.

La habilidad de los padres para comunicar su cosmovisión a sus hijos dependerá principalmente de la relación personal que exista entre ellos dos. Si mamá y papá tienen un romance que es visible, un gozo que no se puede contener, y una pasión que es envidiable, sus hijos querrán viajar por el mismo camino, esperando cosechar el mismo fruto en sus propias vidas.

CAPÍTULO 2

LLEVANDO FRUTO

La siguiente carta es sólo un ejemplo de las muchas cartas que hemos recibido acerca de este tema:

> *Estimada familia Pearl:*
>
> *Conocemos una familia que educa a sus hijos en el hogar y que han sido usados por varios ministerios como ejemplo de una familia "modelo". Su hijo mayor hace poco abandonó el barco. Ahora trae un tatuaje horrible, orejas perforadas y se pintó el cabello. Pero más allá de su apariencia grotesca, es totalmente rebelde. Tengo que admitir que su abandono del barco me había dejado muy sacudido hasta que leí su artículo, y luego pude ver lo que llevó a su destrucción. Sus padres son personas que por todo se afanan, se preocupan por los gastos financieros, el estado del país o la influencia negativa de los vecinos o de la iglesia. La última palabra que jamás usaría para describir a la pareja sería gozosa. Su relación parece tirante. Si yo fuera un niño, no querría vivir con esa familia. Creo que es una medida buena con la cual me puedo evaluar.*
>
> *Steve*

La primera cosecha de los educados en el hogar ha madurado; el fruto está maduro; el tiempo de cosechar ha llegado. No es el día de juicio, pero para muchos padres se siente como la Gran Tribulación. Los padres están viendo a su propia carne y sangre, adoptando las características del enemigo. Lamentablemente, esto no es una sorpresa para muchos de nosotros. Lo hemos visto venir desde hace muchos años, lo hemos predicho en nuestros escritos, hemos advertido a los padres que la enseñanza religiosa cuidadosamente elaborada junto con el retraimiento de lo mundano no eran suficientes. Las cercas que construyen los padres pueden encerrar a los hijos pequeños, pero llega el momento, alrededor de los dieciséis o dieciocho años de edad, en el cual los hijos tienen el poder para escoger y actuar por sí mismos. En esos momentos, cada padre contiene la respiración. Me recuerda el versículo en Joel 3:14 que dice, "Muchos pueblos en el valle de la decisión; porque cercano está el día de Jehová en el valle de la decisión".

¿A dónde puede ir una familia para rescatar a sus hijos? Escapar del mundo es como escapar de tu propia piel. Al echar un vistazo hacia atrás, esperando haber eludido al enemigo, descubrimos que está en nuestros propios zapatos. Muchas familias cristianas han sido muy cuidadosas para proteger a sus hijos, sólo para descubrir que el diablo está en el aire que respiramos, la comida que ingerimos y aún en los órganos sexuales de un muchacho de trece años.

Muchos de estos padres han sido sacudidos en su fe. "No veíamos la televisión, ni nos asociábamos con los pecadores; enseñábamos a nuestros hijos principios cristianos. ¿Por qué no funcionó?" Es casi como si los cristianos creyeran la propaganda liberal que dice que el ambiente y la herencia son los factores que determinan el comportamiento de una persona. Los padres parecen creer que pueden acondicionar a sus hijos para que sean buenos cristianos protegiéndoles y enseñándoles principios cristianos. La realidad ha comprobado falso el viejo refrán que dice: "Líbralos de las influencias corruptas, y jamás serán corruptos".

Los hijos caídos de Adán, en cada generación, tienen la capacidad inherente y la propensión de recrear el pecado, aun en el vacío protegido de un hogar cristiano. Los hijos no necesitan ser expuestos a "gente mala" para hacer cosas malas. Los hijos de cristianos no son inmunes a la atracción de la carne. La inocencia no es una cerca protectora, como sabemos del ejemplo de Adán y Eva. El carácter cristiano no se puede transmitir en el nacimiento, ni se traspasa como una herencia o legado familiar. "Como está escrito: no hay justo, ni aun uno; no hay quien entienda, no hay quien busque a Dios. Todos se desviaron, a una se hicieron inútiles; no hay quien haga lo bueno, no hay ni siquiera uno... por cuanto todos pecaron y están destituidos de la gloria de Dios" (Romanos 3:10-12, 23).

¡Ya basta! ¡Qué deprimente! ¿Y qué de la Escritura que promete: "Instruye al niño en su camino, y aun cuando fuere viejo no se apartará de él" (Proverbios 22:6)? Sigue siendo la verdad, y se ha comprobado en la experiencia de millares de niños que han continuado y llegado a ser estables, trabajadores, hijos de Dios justificados, quienes ahora están comenzando sus propias familias y viendo el fruto bendito de una tercera generación.

Lo solemos escuchar: "Los entrené, pero no funcionó". La palabra clave es "entrenar". No es suficiente cualquier tipo de entrenamiento. El esfuerzo que se pone en entrenar no es lo mismo que verdadero entrenamiento.

UNA PARÁBOLA: EL CRUCERO FAMILIAR

Cada familia es un barco con un capitán, una tripulación, y a veces pasajeros y carga. Puede ser un trasatlántico turístico, una embarcación de investigación, una nave de peregrinos destinados a una ciudad nueva, una expedición de caridad, un buque de carga buscando riquezas, o un viejo bote apestoso que se la pasa en el puerto. Hay muchos barcos que zarpan del puerto, cada uno con un propósito y destino: todos a bordo son participantes, independientemente del grado de su compromiso. Sus vidas se ven afectadas por el curso que lleva el barco y su destino. Ningún barco está solo. Otros van navegando cerca, de manera que la tripulación llega a conocer a muchos barcos y sus tripulaciones. En cada puerto, los tripulantes se mezclan, relacionan e intercambian noticias y chismes. Cada miembro de la tripulación siempre está evaluando las posibilidades y decidiendo si se encuentran a bordo del mejor barco.

Ningún barco es una isla independiente. Si un capitán decidiera echar el ancla retirado de la costa para evitar la corrupción de la sociedad y para prevenir que su tripulación se viera tentada a cambiarse de barco, los tripulantes estarían muy a disgusto. El barco tiene que estar dirigiéndose a algún lugar con un propósito significativo. De otra manera, la tripulación no toleraría el trabajo monótono de sus quehaceres cotidianos. No hay ningún romance en simplemente retirarse del mundo o en buscar su propia supervivencia. La emoción de la vida se encuentra en la conquista de los obstáculos que presenta la vida.

Muchos padres/capitanes temen fracasar, así que no van a ningún lado, y no hacen nada sino tratar de mantenerse a flote justo fuera de la influencia de los demás barcos. La tripulación de un barco con una cuarentena auto-impuesta se parará junto al barandal para mirar con anhelo y añoranza a otros barcos que pasan rumbo a destinos desconocidos. Ellos saben que esos barcos que van hacia algún lugar, a cualquier lugar, seguramente serán más interesantes que la calma estancada en la cual tienen que existir. Los niños más jóvenes desearán algo diferente, pero el temor y la inseguridad los mantendrán junto al barandal. Sin embargo, llegará un día, cuando piensen que pueden nadar lo suficientemente bien como para lanzarse por la borda para ir a subirse a alguno de los buques que van pasando.

Lo que evitará que sus hijos abandonen el barco y compren un pasaje que los lleve a otro puerto es la confianza de que su barco navega hacia un puerto que ofrece enormes posibilidades. Deben poder pararse en la proa, imaginando el gran mundo nuevo hacia el cual están navegando. Deben tener una visión emocionante de las grandes cosas que están por suceder, y la esperanza de participar de manera significativa en esos eventos futuros.

Tienen que haber obtenido un sentido de misión, un pleno entendimiento de la razón de ser del barco y de su capitán. Deben estar familiarizados con los que han ido por delante y deben entender que son necesarios para continuar la noble tradición. Sólo entonces soportarán las dificultades del viaje, sin derrumbarse bajo la carga de la rutina monótona diaria.

Deben sentir que su parte en la travesía es principalmente un medio de servir a otros, y que el barco y la tripulación no son la meta final. Sin el sentido moral que produce la dedicación de la vida al servicio, no podrán desarrollar gran valor y fortaleza. El sentido de rectitud moral que viene a través del servicio a otros es una fuerza motriz que no aceptará la derrota, e imparte osadía y una perseverancia tenaz.

El barco necesita tener diversión y entretenimiento, aunque la tripulación no se conformará con ser simples pasajeros entretenidos. La esencia misma del barco tiene que descansar en su propósito, una misión más allá de un simple crucero de placer. No estarán satisfechos con ser parte de la carga. El ser miembros vitales de la tripulación, y saber que lo son, es en la mente de los niños, la semilla que después germinará en el pensamiento revolucionario: Algún día, yo seré el Capitán y tendré mi propio barco.

Sí, desde pequeños tienen que estar aprendiendo a conducir el barco. Se les debe hacer saber que están siendo adiestrados y capacitados para que lleguen a ser capitanes de sus propios barcos, y que se les pueden confiar responsabilidades reales.

También tienen que poder saborear la gloria y el triunfo de cuando en cuando. El poder mantenerlos expectantes en la orilla será una parte integral de poder mantenerlos contigo.

Tiene que haber autoridad en el barco, que brinde seguridad y que fomente la admiración. No hay nada más desalentador emocionalmente para los jóvenes que la desorganización y la falta de un comandante en jefe que sea decisivo, resuelto, y a veces, hasta duro e inflexible. El barco debe que tener una autoridad que sea respetada. Si el oficial segundo de a bordo es subversivo e irrespetuoso, causará que la tripulación se amotine o abandone el barco en algún puerto prometedor.

Debe ser del conocimiento general de la tripulación que el barco, aunque parezca estar navegando solo la mayoría de las veces, es realmente parte de una flota enorme, y que cada barco viaja hacia el mismo lugar y con el mismo gran propósito. El barco y su tripulación deben estar en contacto con otros barcos de la misma línea naviera con quienes comparten el mismo destino. Hay que evitar que la tripulación llegue a sentirse solitaria o asilada.

Toda persona a bordo debe saber que el capitán rinde cuentas a un comandante superior quien tiene el poder sobre la vida y muerte. Se debe hacer que la tripulación tema a los poderes superiores, incluyendo a su capitán.

El capitán debe desempeñarse con dignidad, integridad y honor, si ha de mantener el respeto de su tripulación. No obstante, siempre deberá ser accesible y dispuesto a trabajar más duro y a servir más diligentemente que todos los demás.

El capitán debe estar dispuesto a aplicar la disciplina, cuando sea necesario, sin vacilar y sin ser escrupuloso en su papel como comandante.

El sortear las tormentas juntos y superar la adversidad no son cosas que lamentar, ya que crean un lazo de respeto mutuo entre los oficiales y la tripulación.

Es de fundamental importancia que el barco sea mantenido de tal manera que cada persona a bordo sea responsable por y se sienta orgullosa de su barco.

NAVEGANDO CON UN PROPÓSITO

Ahora, veamos con más atención algunos aspectos principales de nuestra parábola.

Para prevenir que los hijos abandonen el barco y se unan a otro buque que va rumbo a otro puerto, tienen que tener la confianza de que el barco en el que están se dirige hacia un lugar, un puerto que ofrece enormes posibilidades. Deben poder pararse en la proa y mirar hacia adelante e imaginarse el nuevo mundo hacia el cual están navegando. Se les debe dar una visión emocionante de las grandes cosas por venir, y la esperanza de participar de manera significativa en esos eventos.

Los hijos son, después de todo, personas–adultos sin terminar– llenos de esperanzas y pasiones aún por probar. Están experimentando muchos nuevos impulsos y deleites. Recuerdo que cuando yo era un muchacho, el mundo hacia el cual estaba creciendo era emocionante y maravilloso. Me sentía como un niño en una de esas ferias, en las cuales puedes pagar cincuenta pesos y subirte a todos los juegos cuantas veces quieras. A la edad de diez años, quería comerme un pollo frito entero y dos pays de chocolate, yo solo en una sola comida, y sin que nadie me detuviera. Quería tener mi propia muchacha para oler y tocar. Quería una lancha para navegar, y una escopeta con todos los cartuchos que pudiera disparar. Quería una camioneta, para poder ir a diversos lugares y ver cosas grandiosas. Soñaba con pintar cuadros y construir estructuras de madera y metal. Quería tocarlo todo, y tener dos de cada cosa.

Cuando crecí un poco más y llegué a conocer al Señor Jesucristo como mi Salvador personal, desarrollé nuevas pasiones. Quería cambiar al mundo y hacer que todos hicieran lo recto, esto incluía querer convertir a los pecadores en cristianos. Para cuando tenía dieciocho años, quería corregir a mis papás, a mi iglesia y a todos mis hermanos. Todavía quería tener mi propia muchacha, para oler y tocar, pero para entonces había decidido que también quería una que pudiera hablar conmigo y escuchar mis ideas sobre cómo cambiar al mundo. Ya había bajado mis pretensiones a dos pedazos de pay y solamente medio pollo. Hoy en día, quiero dos pedazos de pollo y ya no como pay. Conseguí la muchacha cuando tenía veinticinco años. Todavía la toco y huelo, y ella escucha mis ideas y yo escucho las suyas. Platicamos por largas horas acerca de las necesidades de otros y lo que podemos hacer para ayudarles. No hemos cambiado al mundo, pero nos hemos ocupado diligentemente en lograr lo que Dios nos ha capacitado para hacer. La vida ha sido mucho más rica de lo que pudiera haberme imaginado. Desde el principio de nuestras vidas juntos como padres he tratado de inculcar este amor por la vida en mis hijos.

Ahora, quizá pienses que esto suena a un anciano haciendo reminiscencias. Puede ser, pero escucha atentamente a sus reflexiones porque con esta línea de pensamiento me dirijo a un punto muy importante. Hoy llevé a mi nieta Laura Rose, que aún no cumple tres años, al aserradero para ayudarme a descortezar algunos árboles, como preparación para cortarlos. Ella agarró la herramienta y echó gruñidos mientras trabajaba sobre la corteza. Cuando un pedazo de la corteza se quebró y cayó al suelo, estaba emocionada por su poder. Estaba ayudando a "Papá Grande". Ella era importante. Ella no es una pasajera en un trasatlántico de placer. Es parte de la tripulación. Cuando llega a la casa, Debi no la manda al cuarto de juegos. Ni siquiera se interesa por la caja grande de juguetes que guardamos para los niños. Ella quiere lavar ropa, lavar trastos, trapear el piso, preparar la cena para Papá Grande, o cualquier tarea útil que Debi esté haciendo en ese momento.

UN JOVEN DE TRECE AÑOS

Hay un joven de trece años que viene a la casa y trabaja conmigo afuera. Como la mayoría de los muchachos de trece años, en verdad no le apetece el trabajo. Pronto se cansa con cualquier trabajo que sea duro y aburrido, pero si está trabajando junto a mí, ese mismo trabajo difícil lo hará todo el día, pensando que se está divirtiendo. Es un muchacho flaco y medio torpe que está pasando por la pubertad e imaginándose todas las cosas maravillosas que le esperan. Hace unos días dijo: "Quiero conseguirme una esposa". Lo dijo sin ninguna inhibición, como si me hubiera dicho que quería una bicicleta nueva. Había una mirada hambrienta y un entusiasmo en su voz que se estaba cambiando.

Le encanta mi tractor Kubota, en especial cuando puede operar el cargador frontal. Cuando está haciendo trabajo manual, siempre está volteando a ver el tractor. Y he aprendido que si le permito manejarlo más o menos una vez cada hora para que vaya por una herramienta o para mover un tronco, lo puedo mantener haciendo las tareas aburridas con entusiasmo. Le encanta operar una motosierra, una podadora o cualquier herramienta eléctrica. Ha estado observando mi camioneta roja... pero no, ¡todavía no! ¡Le falta coordinación!

No puedes simplemente usar a los muchachos como una fuente de trabajo barata. No estarán contentos siendo únicamente sirvientes domésticos en tu barco. Tú debes, de cuando en cuando y con algo de supervisión, permitir que ellos hagan la navegación y piloteen el barco. Yo siempre mantengo a los niños que están bajo mi cuidado en la vanguardia de la experiencia, nunca permitiendo que se aburran por mucho tiempo. Si estamos acarreando aserrín y lo pongo a echar pala, pero no le permito manejar el tractor, pronto estará insatisfecho. Pero, si le permito vaciar el cucharón del tractor, después de haberlo llenado, estará contento rastrillando el aserrín que está debajo de la sierra, y echándolo en el cucharón frontal, simplemente para poder manejar el tractor unos 50 metros para descargarlo. No puedes nada más empujar a los muchachos también hay que dejarlos conducir. Hasta Laura Rose piensa que está manejando el tractor, cuando está sentada en mis piernas, con sus manos en el volante.

Hay muchas otras cosas que los niños pueden hacer además de manejar un tractor. Da a un muchacho las herramientas y el conocimiento para desarmar aparatos electrónicos, (y ojalá algún día los pueda volverá a armar) y le encantará el barco en el que se encuentra. Da a un joven adolescente un trabajo por el cual recibe un sueldo y permite que lo gaste a su manera, y no estará recostado en el barandal, envidiando a otros. Si mantienes a tus hijos en la vanguardia de la experiencia, se compadecerán de los que no tienen a su capitán ni están en su barco. Nunca abandonarán el barco. ¡Pues es el mejor!

Los muchachos necesitan pararse en esa proa e imaginar el mundo que está por venir. Este muchacho de trece años está haciendo su lista de esperanzas, una visión del futuro. Quiere llegar a ser alguien, hacer cosas, ir a diversos lugares, experimentar la vida como una aventura. Está desarrollando ejemplos a imitar, y yo procuro ser prominente entre ellos. Tiene un padre excelente a quien admira y que hace cosas con él. Está en otro barco, pero nuestros barcos están navegando rumbos paralelos; su padre y yo navegamos hacia el mismo destino. Por un tiempo, nuestras sendas se cruzan, y yo, entre otros, refuerzo los valores que su padre le está enseñando. Está desarrollando la confianza de que hay esperanza en su futuro, que sus sueños pueden cumplirse en el barco que su padre capitanea. Este joven no abandonará el barco, si tiene confianza de que ese barco en el cual está le va a llevar a la ribera de sus sueños.

Si tienes un joven de diecisiete años que tratas como un pasajero, no permitiendo que tome una responsabilidad significativa, no escuchado ni instituyendo sus ideas, no estará satisfecho en tu barco. Él ya se cree más inteligente que tú. La única manera de comprobar que no lo es, es permitir que siga con algunas de sus ideas, hasta que fallen; y, cuando fallen, te haces el sorprendido y le animas a intentar de nuevo. Nunca le digas: "Ya ves. Te lo dije". Si va a crecer, necesita experimentar, alcanzando tanto el fracaso como el éxito. Hasta que un hombre haya fracasado, no habrá acero en sus huesos. Se agradecido porque puedes estar ahí para facilitar y supervisar sus esfuerzos.

DANDO RESPETO

Conforme mis muchachos iban llegando a los últimos años de la adolescencia, me di cuenta de que en algunas ocasiones tenían ideas frescas que eran mejores que mis métodos "anticuados". La primera ocasión en que un padre retrocede de su posición y admite que su hijo tiene la razón, es un momento de vinculación y confianza incomparable. El muchacho estará más feliz y satisfecho que aquella ocasión en que recibió su primera escopeta, y notarás que estará más dispuesto a respetar tu sabiduría cuando sea manifiesta.

Mis muchachos y yo muchas veces discutíamos asuntos y conceptos, hablábamos de política, filosofía, ciencia, la guerra, la Biblia, la naturaleza humana, las rocas, las plantas, la construcción, etc. Cualquier asunto que te puedas imaginar, de eso platicábamos. Yo respetaba sus opiniones, aun cuando no estaba de acuerdo con ellos. Mientras llegaban a la mitad y a los últimos años de su adolescencia, pude ver un deseo creciente de ganarme en cualquier cosa. Recuerdo cuando yo retaba a mi papi con frecuencia a jugar a las vencidas conmigo hasta que por fin le pude ganar. No era que lo quería humillar ni nada por el estilo, lo que quería era su respeto, que entendiera que ya era yo un hombre, como él. Nunca "permití" que mis muchachos me ganaran en nada. Cuando Gabriel tenía unos diecinueve o veinte años, y más de uno noventa de estatura, le gané en una lucha libre. Le obligué a "tragar tierra." Fue un sentimiento grandioso—una medida de mi hombría. Me temo que ahora no le podría enfrentar en una lucha. Reconozco su fuerza. Ambos muchachos son muchísimo mejor que yo para las matemáticas. Cuando estamos calculando los planos para casas, no cabe duda que me rindo y acepto sus cifras. Pero eso no me impide tratar de sorprenderlos en algún pequeño error. Eso siempre alegra mi día.

Estoy planteando un aspecto de la naturaleza de los muchachos. Mis muchachos son como era yo cuando era joven. Sus muchachos son como los míos. El impulso de ser respetados, como una fuerza interna de los muchachos, les es innato pero necesitan dirección sabia cuando pasan por la pubertad. Si su barco les da oportunidad de practicar como aprendices de capitán y si ven la esperanza de no ser siempre los mozos que trabajan en la cubierta inferior, se quedarán en su barco con la segura esperanza de que vendrán cosas mejores.

Yo veo a muchos papás y mamás resistiendo el impulso de sus hijos de estar en control. Están tratando de resistir a un tsunami. El impulso del muchacho por conquistar, liderar y controlar está en sus genes –es inevitable. Si tienes éxito en aplastar este impulso en tu hijo cuando tiene unos catorce o quince años, y si logras mantenerlo dócil y dulce, habrás destruido su incipiente hombría. Es realmente una cosa muy triste de observar.

¿PASAJEROS O MIEMBROS DE LA TRIPULACIÓN?

Para ser muy concisos y resumir el punto simplemente es que: Los jóvenes que sean tratados como pasajeros en vez de como miembros de la tripulación no se van a sentir contentos en ese barco. Laura Rose nunca es una niña que "estorba." El joven de trece años que mencioné no es un espectador a quien se le dice que haga su tarea, que se esté quieto y que no estorbe sino hasta que crezca. Él es un hombre. Es parte de la tripulación. Cuando él está conmigo no solamente estoy disfrutando de su ayuda, lo estoy entrenando para que llegue a ser piloto de su propio barco; así como Debi está entrenando a Laura Rose a ser esposa y madre.

Los jóvenes que ven el sendero para el cumplimiento de sus sueños mantendrán el rumbo a través de tiempos difíciles. Ellos confiarán en aquellos que les han dado posiciones de responsabilidad, aquellos que fueron pacientes, que les enseñaron, les animaron y escucharon cuando les contaban sus sueños y les aseguraban tendrían éxito. El creer en sus hijos no es un sentimiento ni muchas palabras bonitas es confiarles responsabilidades. Cuando un muchacho se siente bien consigo mismo porque ha triunfado, y tú eres quien lo hizo posible, quien estuvo a su lado y le animó, puso la caña de pescar en sus manos incrédulas, le enseñó a hacer algo, le puso las llaves en su mano, le enseñó a volar y luego desde tierra le animaba lleno de gozo cada vez que pasaba volando solo, siempre querrá estar en el barco en que tú estás. Querrá estar en el barco en el que están tus amigos. Querrá ser parte de esa flota que está navegando hacia esa ciudad que tiene fundamentos, cuyo arquitecto y constructor es Dios.

EL DOMINIO DEL HOMBRE

Los jóvenes/hombres fueron creados por Dios para señorear (dominar) y sojuzgad (someter).

"Entonces dijo Dios: Hagamos al hombre a nuestra imagen, conforme a nuestra semejanza; y señoree en los peces del mar, en las aves de los cielos, en las bestias, en toda la tierra, y en todo animal que se arrastra sobre la tierra. 27Y creó Dios al hombre a su imagen, a imagen de Dios lo creó; varón y hembra los creó. Y los bendijo Dios, y les dijo: Fructificad y multiplicaos; llenad la tierra, y sojuzgadla, y señoread en los peces del mar, en las aves de los cielos, y en todas las bestias que se mueven sobre la tierra." (Génesis 1:26-28). Vea también Salmos 8:1-6 y Hebreos 2:7-8.

De acuerdo con los pasajes de arriba, es parte de la naturaleza del hombre gobernar en poder y gloria. Es parte de la naturaleza de Dios someter y ejercer dominio y Dios puso esta misma naturaleza en el hombre. A todas ustedes, madres acosadas, que están luchando y oponiéndose a la naciente hombría de sus muchachos, entiendan esto, que el hombre o muchacho que no intenta conquistar, señorear y dominar está fuera de la voluntad de Dios. Su naturaleza humana, dada por Dios, estaría en declive. Muchas mamás nunca han entendido esto. Con frecuencia surgen problemas cuando una familia ha dado a luz y criado tres dulces niñas y luego tienen un varón. La mamá naturalmente espera que el niño sea como sus hermanas en temperamento y personalidad. Si la mamá trata de forzarlo a ese papel de sumisión y sensibilidad, se encontrará con el fracaso, ya sea porqué él se rebela y trata de dominarla, como es su naturaleza, o porque tiene éxito en convertirlo en un jovencito maricón y afeminado, lo cual es un fracaso todavía mayor.

LOS PAPÁS TIENEN QUE SOLTAR A LOS HIJOS

Muchos papás hoy en día están inseguros. Nunca ascendieron a un lugar donde sintieron que habían conquistado algo. La conquista más gratificante y satisfactoria para un hombre es su mujer. Si ella lo adora e idolatra, él podrá continuar a conquistar y someter reinos, pero si ella se rebela, él nunca estará satisfecho y podrá continuar en su búsqueda de dominio con amargura, de manera impulsiva y egoísta. Tal padre se opondrá a los incipientes impulsos de su hijo para ejercer dominio. Se sentirá amenazado por su hijo. Cuando su hijo lo desafía el padre lo toma como ofensa personal. El padre insatisfecho está desesperado por conquistar y someter. Por un tiempo corto, cuando su hijo tenía entre cuatro y ocho años, el papá era el rey, el conquistador, pero súbitamente el único reino que el padre conquistó ahora quiere su independencia y la pelea con toda su emoción. El padre creará un adolescente amargado y rebelde. La mayoría de las películas sobre adolescentes consideran esto como la norma.

Es el padre confiado y seguro quien puede sentirse orgullosos de la creciente independencia de sus hijos. Yo crié a mis hijos considerando la posibilidad de que pudiera morir en plena juventud y ya no poder ser un factor de influencia en sus vidas antes de que fueran adultos. Ellos se criaron sabiendo que en cualquier momento el gobierno del estado podía llegar a nuestra casa y llevárselos, así que les enseñe a ser independientes y a depender de sí mismos desde muy temprano. Me aseguré que conocieran la doctrina de la Biblia, que entendieran las falacias de la evolución y de las llamadas ciencias sociales a su mejor capacidad aún en desarrollo.

El triunfo mayor de un maestro es cuando es superado por sus alumnos. Estuve en un torneo de lanzamiento de cuchillos donde el experto que obtenía la más alta puntuación presumía que recientemente había sido derrotado por uno de sus alumnos. A algunos padres les resulta doloroso ver que sus hijos son capaces de empujar el bote a la orilla y navegarlo por sí mismos. Pero para el experto lanzador de cuchillos era una jactancia adicional, pues no sólo era el campeón lanzador de cuchillos sino que también era el maestro campeón.

Le vuelvo a repetir, sus hijos deben tener la esperanza de que se hallan en el mejor barco para ser preparados para ser ellos mismos capitanes. Deben ser continuamente desafiados, deben sentirse respetables y dignos por los triunfos logrados.

SOMETER

Debes proporcionar las herramientas y las oportunidades para que tus hijos conquisten. Me acuerdo de una ocasión en que después de haber trabajado arduamente mis muchachos dijeron que querían cavar una cueva junto a un cerro que estaba a un lado de la casa. Dos de sus amigos se les unieron. Cuatro muchachos entre los diez y catorce años de edad escarbaron casi cinco metros en tierra rocosa en unas dos horas. Fue una labor gigantesca. Si los hubiera obligado a hacerlo por alguna razón válida, les hubiera llevado dos o tres días de trabajo a regañadientes. Pero cuando estaban trabajando en su propia visión, todo era diversión. ¿Entiendes a los muchachos? ¿Realmente entiendes a los hombres? Ese pedazo de tierra había estado ahí desafiante desde los días de Noé. Necesitaba aprender una lección. Necesitaba ser conquistado, dominado y sometido al servicio del hombre. ¡Lo vencieron! ¡Ellos ganaron! El agujero "trofeo" todavía está ahí hoy. Nunca más volvieron a ese agujero después de que lo habían "conquistado" ese día, porque ya no tenía razón de ser. ¡Pero cómo se beneficiaron de haberlo cavado ese día!

Un niño toma su rifle de postas y sale a cazar pobres pájaros indefensos todo el día. Finalmente, mata uno. Le arranca las plumas más largas y bonitas y las pone en su sombrero. "...señoread en las aves de los cielo..."

Recuerdo cuando niño cómo me gustaba ir a una zanja que pasaba por debajo de la carretera cerca de la casa y ahí me ponía a pescar cangrejos de río. Había una poza de agua como de dos metros y medio de larga y medio metro de profundidad. Estaba llena de esas criaturas desafiantes con sus conchas duras y rápidas tenazas. A través de los años perfeccioné mi técnica para atraparlos. Luego los ponía en una tina y los presumía a mis amigos quienes los apreciaban y me admiraban. Era de mucho orgullo y presunción atrapar un cangrejo rojo grande que todos tuvieran miedo de agarrar. Cuando todos lo habían intentado coger y ya se habían echado para atrás, yo con mucho cuidado tomaba al monstruo y lo levantaba a la altura de los ojos para que todos lo vieran. Para obtener mayor admiración lo provocaba con mi otra mano, desafiándolo a atrapar mi dedo con sus tenazas. "…señoread en los peces del mar…"

Cuando era un joven adolescente atrapa víboras venenosas y les quitaba la piel para hacer franjas para decorar mi sombrero. ¡Hablando de obtener respeto de parte de los demás muchachos! "…señoread en todas las bestias que se mueven sobre la tierra…"

La construcción de las pirámides en Egipto por los faraones era claramente una demostración de dominio, monumentos para "presumir." Hasta las niñas tienen una medida de esta búsqueda de señorío en ellas. Ellas son constructoras de nidos. A ellas no les importa lazar un oso pero pueden tomar un rinconcito del mundo y convertirlo en un hogar para su hombre y sus hijos. A mis hijas les encantaba construir sus "casas". Amontonaban troncos en el bosque para hacer una casa. Decoraron la casa que los muchachos construyeron sobre un árbol o tomaban una esquina del establo y la convertían en un comedor para servir té.

El mundo físico ofrece desafíos sin fin para la población masculina. Son hombres los que persiguen tornados para ver que tanto se pueden acercar y se fotografían a sí mismos haciéndolo para demostrar su proeza. Los hombres son atraídos por los volcanes violentos que arrojan humo, las altas montañas y las peligrosas profundidades del mar.

Uno de los jovencitos rusos que se quedan con nosotros durante los meses del verano acaba de recibir una nueva bicicleta. Hoy llegó a la casa con una rodilla toda golpeada. Se había lanzado en bicicleta desde el porche. Cualquiera puede andar en bicicleta en la tierra plana, pero volar por el aire y aterrizar (su esperanza) sin estrellarse y luego levantarse para intentarlo la próxima vez sobre algo más alto. ¡¡¡Fantástico!!! Qué emocionante es desafiar la fuerza de gravedad, conquistar y someter. Nunca le dije que no lo volviera a intentar. Está aprendiendo algo difícil y desafiante. Déjenlo que ponga su rostro contra el viento y que descubra sus propios poderes y limitaciones. Todos los inventores famosos fueron personas que no aceptaron las limitaciones existentes. Su impulso dado por Dios para dominar y someter no estaba limitado por las creencias de otros.

Si vas a mantener a tus hijos felices y satisfechos a bordo de tu barco debes proveer para la plena expresión de sus impulsos de dominar. Hay mucho más en esto de lo que he dicho, pero algunos muchachos han abandonado el barco por menos. Lleva a tu hijo a la cabina de mando en el puente del barco cuando tenga solamente tres meses y pon sus manos sobre el timón, imagínalo piloteando el barco mientras tú duermes y luego entrénalo para hacerlo.

CAPÍTULO 3

MANTENIENDO LA MORAL

Estimado Sr. Pearl,

Yo fui uno de esos hijos que abandonó el barco, y lo hice por todas las razones que usted mencionó. Mis papás eran hipócritas y esperaban lo mismo de mi hermana y de mí. Nuestra familia era el hogar fariseo perfecto, aunque nosotras las "hijas pródigas" manchamos esa apariencia. Nunca perdíamos un culto de la iglesia; siempre ayudábamos en el ministerio. Siempre testificábamos a nuestros vecinos y guardábamos santo el día del Señor (sin tomar en cuenta todos los pleitos y abusos que ocurrían detrás de nuestras puertas cerradas). Créame, teníamos a todos engañados. Cuando mi hermana abandonó el barco, regresé y fui con una de las amigas de mi mamá y le conté la verdad de cómo era nuestra familia. No me creyó. Le digo que escondíamos muy bien la hipocresía. No decíamos nada por el temor de sufrir más enojo y el abuso que vendría si lo hiciéramos saber. El orgullo nos mantenía fuertes, no Dios.

Abandoné el barco por dos razones. La primera fue para escapar de la casa, y supuse que de perdido les iba a dar algo porque condenarme, ya que me iban a condenar, no importando lo que hiciera. También, parte de mí anhelaba conocer al Buen Pastor y descansar en sus delicados pastos. Tuve que abandonar el barco, porque estaba DECIDI-DA A NUNCA JAMÁS ser una farisea como mis padres. Tuve que huir. Mi hermana no tuvo ninguna opción, sino hacer como yo. Nuestros padres todavía dicen que fue nuestra decisión, y que ellos no tuvieron nada que ver con eso.

Están tan cegados por la religión y confiados de que nos habían entrenado bien, pero que debido a alguna falla en nosotras, simplemente no funcionó. Todavía la semana pasada, estaban proclamando que algún día nosotras aceptaremos su manera de pensar.

¡Me encanta vivir en la gracia que he hallado en Cristo! Me encanta que mis hijos me amen y que mi esposo y yo nos amemos, y me encanta saber que soy libre para escoger el gozo y la esperanza todos los días.

Puedo atestiguar que cuando los hijos no participan como miembros vitales de la tripulación en un viaje glorioso, en verdad adquieren un pecado más serio que la "rebelión". Se convierten en seres humanos iracundos, amargados y resentidos, que son aplastados y quebrantados y que se defenderán agresivamente contra cualquier intento de mostrarles amor. Como un perro vagabundo que siempre fue abusado, cuando le tratas de alimentar, te morderá, porque fue entrenado a esperar siempre el mal.

Beka tenía razón: todo tenía que ver con el amor. Usted tenía razón: todo tenía que ver con el gozo. Y ¿de dónde viene eso? Viene de conocer a Jesús. Quisiera que mis padres en verdad le conocieran. Dios les ha usado a ustedes para alcanzar a muchos, y estoy agradecida por eso. Anhelo el día en el cual mis hijos también lleguen a conocer a Jesús.

AB

LOS BUENOS HIJOS NACEN DE LA BUENA TIERRA.

¡Ahí está! La razón principal de por qué los hijos abandonan el barco es porque sus padres convierten el viaje en algo miserable. Enfrentar ese hecho es el primer paso hacia la recuperación. Cuando se entrenan bien, caminan bien. Y debes haberte dado cuenta que entrenamiento es mucho más que palabras y advertencias, más que principios y preceptos. Cuando el ejemplo es malo, las palabras nunca pueden ser lo suficientemente correctas, porque nuestra actitud grita más fuerte que nuestras palabras.

El criar hijos es la prueba más precisa de nuestro verdadero carácter. Revela todo el manantial de lo que fluye del corazón y alma de los padres y descubre todo lo que está escondido. Los hijos reflejan el alma de sus padres; manifiestan el corazón que ha estado formalmente oculto detrás de barreras sofisticadas y apariencias cuidadosamente mantenidas ante el público. Nosotros los padres podemos manipular las apariencias ante el público, haciendo creer a los demás que somos algo muy diferente a lo que es la realidad. Pero son nuestros hijos quienes se convierten en ventanas a nuestro verdadero ser, y con frecuencia abren la ventana más de lo que quisiéramos y en momentos en que no lo esperamos. Encuentran y exponen el verdadero tú y siguen esa realidad como su guía. Ellos pasan por alto nuestras palabras e imitan nuestros centros vitales. Si la madre tiene un día difícil o "malo", todos los hijos tendrán un día malo, y Papá llegará a tener una noche mala. Los días malos hacen semanas malas, meses malos y años malos, que eventualmente se convierten en vidas malas.

Es imposible llegar a ser un buen padre sin experimentar un avivamiento interior. No puede haber duplicidad. Ser padre y criar hijos no es como un trabajo en el cual sigues meticulosamente todos los procedimientos de tu descripción de trabajo y luego checas tu salida, sabiendo que has hecho bien tu papel, aunque tu corazón no haya estado en ello. No puedes hacer lo correcto como padre si no eres la persona correcta. Tus hijos simplemente son demasiado perceptivos como para ser engañados con ostentaciones externas. Cuando los padres experimentan una transformación interior, el ser un buen padre viene de manera natural, sin toda la lucha y debate. Las almas puras que viven vidas puras no necesitan una gran cantidad de conocimiento acerca de la crianza de los hijos para criar buenos hijos. Los buenos hijos crecen de la buena tierra paternal.

América Latina necesita un avivamiento. La iglesia cristiana necesita un avivamiento. La familia educadora en el hogar necesita un avivamiento. Pero sobre todo, los padres necesitan un avivamiento, porque los hijos no sobrevivirán en la Sodoma en que vivimos sin un avivamiento que nos cambie de adentro hacia afuera.

ENTONCES, ¿QUÉ PUEDO HACER?

Mucha gente nos ha escrito, algunos de ellos algo molestos, diciendo: "Muy bien, existe un problema. Mis propios hijos están por abandonar el barco, así que díganos qué debemos hacer. Dénos algunos ejemplos prácticos." No están captando la cuestión. No se trata de hacer algo; se trata de ser algo. ¡Sé genuino! Ama a Dios con todo tu corazón, alma, mente y fuerzas hasta que el gozo del Señor llene tu copa hasta rebosar. Vuelve a enamorarte de tu cónyuge (¡ese es el primer fruto de un avivamiento!), y ¡disfrútense el uno al otro delante de sus hijos! Permite que el Espíritu Santo te ayude a ser disciplinado para usar sabiamente y tener más tiempo para estar con tus hijos. Es un asunto de perspectiva, depende de en qué tienes puesto tu corazón.

El ser padres y criar hijos es el trabajo más demandante en el universo. El Director General de una mega empresa necesita sobresalir en un número limitado de áreas solamente, pero para ser un padre eficaz se requiere destreza en muchas áreas. Y, más que para cualquier otro trabajo, más que para ser pastor o misionero; se requiere una pureza del alma.

Casi todo mundo llega a ser padre con muchos conceptos que realmente son contraproducentes. Si Dios nos pusiera un examen para determinar nuestra capacidad antes de permitirnos tener hijos, pocos hogares tendrían un juego de columpios o cajas de juguetes. Desafortunadamente, parece que uno primero tiene que ser padre para poder aprender a ser padre, y muchos de ustedes quizá aprendan demasiado tarde como para traer algún beneficio a sus hijos. La mayoría de los obstáculos que limitan el potencial de los hijos son puestos en marcha por los padres, y están arraigados en sus propios temores, necesidades egoístas y la falta de atención. Pero, los padres suelen estar cegados por su propio ego y sus hábitos descuidados e improductivos.

Afortunadamente no tenemos que ser personas perfectas, ni notablemente sabias, para llegar a ser buenos padres. Ni tenemos que estar bien informados de todos los pormenores que vienen en los libros acerca de cómo criar hijos, ni tenemos que inscribirnos en algún curso para saber como ser buenos padres. No necesitamos escolarización. Lo que necesitamos es ser genuinos –consistentemente genuinos y compasivamente amorosos. Necesitamos estar ahí, en medio de donde están ellos, enfrente de su rostro, si así lo entiendes mejor. Todo lo demás, de una manera u otra, se acomodará en su lugar y saldrá bien cuando nuestros corazones están bien. Un corazón que está bien puede rectificar muchas malas y obstinadas decisiones, pero un gran conocimiento y entendimiento nunca pueden rectificar la indiferencia. El amor genuino cubrirá multitud de pecados.

GRANDES ESPERANZAS

Aquí hay una gran esperanza. Piénsalo de está manera: Para ser un padre exitoso no tienes que ser de repente un gran sabio para saber exactamente qué hacer ante cada situación diferente que se presente, más bien, sencillamente se requiere tener un buen corazón y la actitud correcta; y tus hijos te responderán positivamente. El amor y el respeto llenarán cualquier vacío dejado por la inexperiencia y la ignorancia.

Obtendrás una respuesta mucho mejor de tus hijos cuando ellos perciban que te importan más ellos de lo que te importa la opinión de lo que las personas piensen de ti. Son mucho más perspicaces de lo que te imaginas, y siempre conocerán tu verdadero corazón, aun cuando no quieras que lo conozcan. Tus hijos deben saber que tú en verdad deseas que tengan grandes experiencias. Cuando te observan invertir energía emocional en ellos, responderán con cooperación y disponibilidad. Se conmoverán por tu disposición a invertirte a ti mismo en sus vidas. Imagina que estás preparando un gerente para tu propia empresa, alguien que tome tu lugar cuando estés ausente, y que podrá asumir tu puesto cuando hayas partido y ya no seas parte del panorama. Tus hijos son tu legado, el único que perdurará en las generaciones futuras. Trabajando juntos, hacia una meta común elimina esa relación de adversarios que envenena la mayor parte de las familias y sabotea todo buen esfuerzo.

Los cambios de repentinos de corazón con grandes esfuerzos no los impresionarán. Muchas consideraciones pequeñas se suman hasta llegar a una confianza muy grande. Podrás crear un clima de confianza, si nunca los lastimas al "nivel del corazón" sino siempre demostrando un espíritu que se interesa y preocupa por ellos.

RESPETO Y DIGNIDAD

¿Dicen que quieren saber QUÉ hacer? Respeten a sus hijos. Tu respeto por ellos te otorga la dignidad que sientes que debes tener. El respeto no es sólo una perspectiva, es una cadena de eventos que resulta de una cadena de actos individuales. Demuestra tu respeto permitiendo que tus adolescentes tengan un impacto positivo en el hogar y en sus hermanos menores. Y puedes demostrar respeto especialmente escuchando sus ideas y tratándolos con la misma seriedad con la que tratas esté libro que ahora estás leyendo. Habla con ellos pero luego escúchalos. Comparte tu cosmovisión con ellos en un ambiente relajado no en un ambiente de salón de clase. Habla de lo que te gusta y define tus debilidades. Pídeles ayuda. Pregúntales su opinión acerca de algo; por ejemplo, de cómo resolver un problema de relaciones interpersonales en la iglesia o en el trabajo. Cuando hablas con ellos de manera personal, y ellos sienten que sus ideas y respuestas cuentan, te tratarán igual. Habla y escucha. Al hablar con los hijos a veces tenemos que escuchar lo irrelevante por un rato antes de que los muchachos empiecen a sacar en la plática lo que realmente les preocupa o importa. Ellos no van a acercarse y directamente decir: "Necesito tu consejo." Primero prueban las aguas para ver si son bienvenidos antes de sacar las inquietudes y los problemas. Escucha. Siempre escucha. La última cosa que muchos padres escuchan mientras sus hijos saltan el barandal y se arrojan al mar es: "Tú nunca me escuchabas". Si comienzas a darme excusas y decirme lo mucho que te esforzaste por ser un buen padre y lo mucho que te preocupaste, entonces tendré que unirme a tu hijo adolescente y decir; "A mi tampoco me escuchaste". No importa lo que pienses acerca de tu desempeño como padre. No importa como interpretes tus intenciones. La realidad con la que tienes que trabajar es la realidad que tu hijo adolescente ve. ¿Qué es lo que piensan ellos? ¿Qué es lo que te han dicho? Esa es la realidad.

Uno de los problemas con nosotros los padres es que fallamos en ajustarnos a los cambios rápidos de crecimiento que ocurren en nuestros hijos. Quieren reconocimiento y respeto antes de que nos demos cuenta de la importancia que tiene para ellos. Un día actúan como niños inmaduros y al otro día actúan con inmadurez pero esperando el respeto que merece un adulto. Cuando los excluimos del mundo de los adultos hasta que demuestren que realmente están listos, se sienten maltratados y malentendidos. En la analogía deportiva es como ponerlos a jugar en el primer equipo, comenzando el juego en posiciones clave cuando tú sabes que todavía no están listos. Pero tienen tantas ganas de jugar aunque saben que a lo mejor los ponchan o no le dan a la pelota. Si los mantienes en la banca hasta que estén listos, se unirán a otro equipo o se irán a jugar otro juego, como un juego de dados con "miembros del equipo" del bajo mundo que no son tan exigentes con ellos.

NUNCA EMPEQUEÑECIENDO NI MENOSPRECIANDO

Nunca, nunca, nunca empequeñezcas ni menosprecies sus esfuerzos, ni humilles o degrades su persona. El estilo de liderazgo de muchos padres es de humillar y degradar, de catalogar a sus hijos con una etiqueta de indignos con la creencia errónea de que es la responsabilidad de los hijos demostrar con sus obras que en verdad son dignos. Afortunadamente, Dios no trata con nosotros de está manera. ¡Y tú como padre tampoco debes hacerlo! Tu papel tiene que cambiar de carcelero a amigo. Recuerda las palabras de Jesús a sus discípulos: "Ya no os llamaré siervos, porque el siervo no sabe lo que hace su señor; pero os he llamado amigos, porque todas las cosas que oí de mi Padre, os las he dado a conocer" (Juan 15:15). Ninguno de nosotros se desempeña bien para aquellos que no creen en nosotros. Pero nos mataremos tratando de vivir a la medida de las mejores expectativas de aquellos que creen que podemos hacerlo todo y que sabemos serán comprensivos y tolerantes de nuestras fallas y errores.

Permíteme decirlo de otra manera. Si tu hijo hace alguna cosa mala o muchas cosas malas no te creas la mentira de que es un chico malo. Si hablas con él como si fuera malo con la esperanza de que trate de ser bueno, lograrás lo opuesto. Encuentra una cosa buena en tu hijo y habla de ella. Si inculcas en él que es tu muchacho "bueno", esos buenos sentimientos harán que él quiera cultivar esos buenos sentimientos y resistirá ser un muchacho malo.

ÓRDENES Y (DEMASIADO) CONTROL

Algunos padres se conforman con muy poco, controlando únicamente el comportamiento exterior de sus hijos, pero sin equipar sus almas. Son drásticos en su disciplina y de hecho enseñan a sus hijos chicos a obedecer en la casa y a portarse bien en público, pero fallan en equiparlos con habilidades independientes para la toma de decisiones y en el carácter. Puedes mantener a los niños en asientos para bebé y después amarrarlos a una silla de ruedas para que no se caigan y rompan una extremidad. Esto es una garantía de su seguridad pero no les enseñará a correr con la pelota y a levantarse y ponerse en pie después de sufrir los duros golpes que la vida enviará por su camino.

Los niños no estarán contentos con ser protegidos y guardados. Si los aprietas mucho saltarán de tus manos como lo hace el jabón de las manos mojadas.

Es emocionalmente gravoso para nosotros los padres exponer a nuestros hijos a los peligros de trabajar como miembros de la tripulación en el barco de la vida. Queremos protegerlos y guardarlos de las olas súbitas y de las cubiertas resbalosas pero se les debe permitir que experimenten con el trabajo a bordo y aprendan de los afanes de la vida, de lo contrario no solamente no estarán preparados para la vida sino que también serán pasajeros extremadamente infelices.

Incluye a tus hijos en las decisiones importantes desde que tienen como dos años. Encuentra las maneras de ayudarles a analizar y razonar los problemas juntamente contigo. Discutan los temas y luego presenten los diversos escenarios que pueden surgir de las diferentes opciones que se pueden escoger. Esto es educación en el hogar y educación del alma. Es una preparación para la vida a nivel de postgrado. Mamá le dice a Linda de seis años de edad: "Este artículo que estoy leyendo dice que comer azúcar hace que se acumule la levadura en el cuerpo." Le explica en términos sencillos los síntomas y consecuencias de la candidiasis. Luego pregunta: "¿Crees que deberíamos dejar de comer este cereal que contiene azúcar?" Tú ya has hecho una decisión pero quieres incluirla en el círculo de la toma de decisiones. Cuando ella acepte que no es bueno comer azúcar será fácil hacer que deje de comer su cereal favorito. Cuando las terribles historias que le cuentes y el ejemplo de la señora de la iglesia que está enferma la convenzan de dejar en paz el azúcar, la habrás ayudado a practicar la auto-negación y a tomar decisiones difíciles que siguen una consecuencia lógica. Estás edificando su carácter. Esto es respeto. Esto es tratar a la niña con dignidad.

Si nunca has incluido a tu hija de doce años en decisiones de carácter, y luego, de repente pones decisiones en su regazo, no te sorprendas si prefiere poner a un lado esa responsabilidad y escoger el azúcar. Se llevará tiempo. Trabaja desde abajo para llevarlos a compartir responsabilidades seriamente, en incrementos que el niño pueda manejar.

TRABAJO

¿Qué puedes hacer para mantener a tus hijos contentos en el barco? Enséñales a trabajar. Las personas más miserables son las que no tienen responsabilidades. Las personas son más felices cuando alguien depende de ellos.

El secreto de enseñar a los hijos a trabajar es darles tareas que disfrutarán haciendo. Si no hay un trabajo así para un niño en particular, entonces estructura un trabajo con otros incentivos, como compañerismo (trabajando con alguien), o un trabajo de corta duración, que haga agradable el trabajo. En un barco, una de las primeras preocupaciones del capitán es la moral o estado de ánimo de la tripulación. Cuando el optimismo y la esperanza de la tripulación son elevados, el barco estará preparado para enfrentar cualquier eventualidad. Piensa en la diferencia que habría si tuvieras ocho tomadores-de-iniciativa en vez de ocho arrastradores-de-pies. Tienes que estar pendiente de su moral. Nunca sigas empujando si la familia ha perdido su moral. La intimidación puede provocar temor y lograr una obediencia o sujeción externa pero nunca obtendrá productividad y contentamiento.

Evita el trabajo de esclavos. Yo traté siempre de medir el aguante y la resistencia de cada uno de los hijos para nunca empujarlos más allá de su nivel de tolerancia. La línea delgada que hay que cuidar es el umbral del dolor del trabajo sin hacer que se sientan esclavos. El dolor del trabajo se aminora cuando se trabaja con alguien más. La monotonía se reduce al hacer un trabajo que sea desafiante y creativo. El trabajo se soporta mejor cuando produce una gratificación satisfactoria y se puede tolerar si tiene un final predecible. Los niños productivos son niños felices.

PROPÓSITO

La moral de la familia se pondrá por las nubes cuando entiendan claramente el propósito de su existencia. Sólo entonces cooperarán y aceptarán los sacrificios del trabajo sin reñir por tonterías. Recuerdo un tiempo, no mucho después de que nos casamos, que mi suegro me invitó a ayudarle en un trabajo de plomería. El trabajo resultó ser destapar un tanque séptico enterrado bajo tierra dura. Después de que había trabajado con pico y pala en el calor del verano durante dos horas y logrado excavar una fosa de unos 70 cm. y de haberla ensanchado varias veces buscando el tanque, tranquilamente me sugirió que mejor intentará excavar unos 3 metros más hacia el oeste. Después de excavar por otra hora sugirió que nos moviéramos unos metros más para excavar otro pozo de prueba. Ahora el primer pozo fue un trabajo miserable, pero lo soporte sin quejarme porque pensé que tenía un propósito que pronto alcanzaríamos. Pero, cuando me quedó claro que me estaba usando en lugar de una retroexcavadora para buscar un tanque del que no tenía ni la menor idea de en donde se encontraba, perdí todo compromiso con su "visión". Excavar siempre es pesado pero el excavar sin propósito ni progreso es inaceptable. De pronto me acordé de otro compromiso que tenía en otra parte. Solté el pico y le dije que contratara una retroexcavadora. "¡Ajá!", podrían decir, "abandonaste el barco." Si hubiera sido mi tanque séptico hubiera contratado el equipo para hacer ese horrible trabajo. Él no estaba excavando, me estaba observando y haciendo sugerencias. Era humillante y degradante que mi tiempo y energías fueran valuadas de esa manera. Si en ese tiempo mi suegro hubiese tenido el poder de obligarme a continuar trabajando y lo hubieses hecho, le hubiera "odiado" por hacerlo. Al escribir esto, él ya tiene ochenta años y estoy pensando que voy a ir a decirle una vez más que fue una tonta idea. Ahora nos reímos, pero no me causó ninguna gracia hace treinta y cinco años en el calor de agosto.

Espero que no te hayas perdido en mi historia y hayas comprendido el punto principal. Tus muchachos trabajarán y se

43

fatigarán por ti cuando puedan ver y disfrutar el resultado de su esfuerzo. Pero cuando tratas de imponer la esclavitud sobre ellos, limaran las cadenas de sus tobillos para quitárselas y abandonarán el barco.

ABURRIMIENTO

El aburrimiento es la madre de la invención, pero si no se aprovecha como una oportunidad, se convertirá en el "taller del diablo" o en un caldero de disturbios emocionales. Cuando llega el aburrimiento como la incesante lluvia del invierno, los muchachos y los papás tendrán muy buenas peleas sólo para crear un poco de emoción e inundar el cerebro con unas cuantas endorfinas.

"Es mejor que tener que oler tu mal aliento y tener que soportar tu cara."

"No me toques"

"Salte de mi cuarto"

"Yo estaba en esa silla primero"

"Creo que me voy a recostar un rato. Ustedes, chicos, vayan a ver un video."

El capitán de cualquier barco sabe que debe mantener a cada tripulante ocupado todo el tiempo, dándoles sólo el tiempo necesario para comer y dormir. Van a limpiar, pintar y reparar, y luego lo van a volver a hacer, porque el aburrimiento se come a la moral y al entusiasmo, como los hongos se comen la madera húmeda.

El aburrimiento se elimina con el compromiso en una misión. Para decirlo sencillamente, cuando tienes algo por hacer que debe de hacerse o que quieres que se haga, nunca serás atacado por el perezoso gigante del aburrimiento.

La gente que está aburrida no se gusta a sí misma y tampoco le gustan los demás. No les gusta la vida. Los chicos aburridos son malhumorados, infelices, se condenan a sí mismos, son malagradecidos y antipáticos.

Puedes organizar la desaparición del aburrimiento en tu propia vida y en la de tus hijos. Diseña una agenda creativa, hora por hora, si quieres. Obtén las herramientas de la creatividad: instrumentos de música, pinturas, lápices para colorear y gises de colores, coser, cocinar, jardinería, hortalizas, construcción, mecánica, animales (vacas, caballos, ovejas, gallinas, cerdos, cabras), hierbas, lectura y miles de otras cosas. Aprovecha cada oportunidad para aprender y crecer junto con tus hijos. No impongas tus ideas de creatividad en ellos. Solamente experimenta hasta que algo "prenda" en alguno de tus hijos y luego continua experimentando hasta que todos hayan sido atrapados por algo que les apasione o interese sobremanera. Es mejor estar interesado en algo frívolo que en nada. Si tienes una niña a la cual le gusta coleccionar ropita de muñecas, muestra entusiasmo y detente en las ventas de cochera y tiendas de cosas usadas y alimenta su interés y ayúdale a aumentar su colección. Los muchachos se quedarán en el barco con tal de terminar un proyecto. Si tú amas lo que ellos aman, te amarán por ello. Una de las mejores cosas que puedes hacer por tus muchachos es alimentar su creatividad.

ENTUSIASMO

La familia siempre debe estar continuamente llena de energía entusiasta. La energía es más actitud que metabolismo. El entusiasmo de ideas es una fuente de energía. Si tu mente se entusiasma por las ideas, tu cuerpo responderá con la fortaleza para corresponder. El ser enfermizo a veces tiene que ver con actitudes de indiferencia a la vida. Si dejas que la vida te ocurra, serás como una lata pateada por la calle por un chamaco aburrido. Deja de quejarte y de echar culpas. Levántate y construye tu vida a tu gusto. Si tú como padre te sientes como una lata pateada por la vida, tus hijos serán latas pateadas. Conviértete en un constructor, en un hacedor. Dios es creador y nosotros, en su imagen también somos creadores. Tus hijos tienen que estar creciendo o se estarán yendo a un lugar más interesante y desafiante donde puedan crecer.

El entusiasmo es un gozo por la vida. Es la creencia tenaz de que tú vas a ser productivo de alguna manera. Es aceptar el desafío y disponerse para la conquista. Tus hijos necesitan ver tu entusiasmo por la vida. Se les contagiará. El entusiasmo se siente bien y ellos querrán ser parte de él. Consigue un proyecto—no, diez proyectos— y trata de hacerlos todos a la vez. Algunos nunca se harán. Algunos ni siquiera se comenzarán. Pero una que otra vez, alguna de tus atolondradas ideas se convertirá en un monumento a la cooperación y productividad de tu familia, y los chicos nunca lo olvidarán.

Levanta los viejos adoquines torcidos o desgastados de la acera peatonal y vuelve a colocarlos con otro diseño agradable y con algunas adiciones creativas. Les tomará a ti y a los muchachos unas dos semanas. Asegúrate de que no los trates como "esclavos." Trabajen juntos y deja que ellos hagan el trabajo creativo aunque pienses que no va a quedar tan bien como pudiera si se hiciera de otra manera.

Construyan un nuevo buzón para el correo y deja que los niños lo pinten. También pueden pintar algún cuarto de la casa. Hagan cortinas, reparen el piso, etc. ¿Entiendes la idea? Entusiasmo y diversión son sinónimos.

RESPONSABILIDAD

Los hijos no estarán contentos si no reciben mayores responsabilidades. Cuando das a tus hijos responsabilidades, puedes estar otorgando una dispensación de mediocridad. ¿Qué niño de dos años barre el piso o lava platos perfectamente? ¿Qué niño de diez años puede pintar la puerta mosquitera como un profesional? Los niños en una casa son como bolas de boliche que van sueltas en la parte trasera de una camioneta pick-up, nunca arrancas o terminas un proyecto o das vuelta en alguna esquina sin algunos golpes y brincos, y tal vez hasta daños a la casa.

Es difícil para nosotros los adultos "realizados", especialmente aquellos controlados por el demonio del perfeccionismo, permitir que nuestros hijos participen en el producto final o terminado, porque sabemos que nosotros lo podemos hacer mucho mejor. ¿Por qué llamo, demonio, al deseo de hacer todo perfectamente? Porque las personas que tienen este hábito son dadas a dar el primer lugar de importancia al orden y el segundo lugar a las personas. Los perfeccionistas generalmente se deprimen o se enojan cuando alguien no respeta su necesidad de tener "un lugar para cada cosa y cada cosa en su lugar." Los perfeccionistas son personas egoístas que deberían forrarse a sí mismas de bronce y para ser colocadas junto a otras estatuillas en un estante en algún museo. Para poco sirven en una casa llena de niños.

Cualquier proyecto de construcción genera mucho ruido, polvo, revoltijo y basura. Es el costo del progreso. El hogar es el sitio de una construcción, donde los niños están siendo moldeados en adultos, y donde los adultos son capacitados en servicio.

La diferencia entre un niño y un adulto es la habilidad de aceptar plena responsabilidad. Un hombre físicamente crecido que no está emocionalmente equipado para asumir responsabilidades es un patético niño en el cuerpo de un adulto. Es nuestro llamado como padres a transformar a nuestros hijos de consumidores egoístas e irresponsables en adultos responsables y maduros. No sucede de manera automática, y hay la necesidad en el alma de cada niño de ser cada vez más responsables. Aquellos a quienes no se les piden cuentas en esta área tienden, por un lado, al desaliento y a detestarse a sí mismos, y por el otro lado, tienden a ser bravucones y al libertinaje, dependiendo de su grado de atrevimiento y desacato a la autoridad. De cualquier manera sus vidas estarán incrustadas de descontento y serán candidatos a próximamente abandonar el barco.

He conocido a varios muchachos educados en el hogar, de edades entre los dieciocho y los treinta años de edad, que son inservibles o inútiles como adultos. Es como si sus cuerpos hubieran estado creciendo durante años, pero como que el cerebro les fue implantado recientemente. Son inocentes, puros de mente y cuerpo pero nadie los consideraría como de buen carácter porque no han sido probados, son como un cachorrito de seis meses en un concurso para atrapar Frisbees. Nada más se quedan parados por ahí esperando que alguien les diga qué hacer. Ellos son los primeros de quien no puedes confiar que estén solos viendo el Internet. Crecieron sin que se les dieran responsabilidades.

Primero has que los mayores supervisen a sus hermanos menores. Yo percibo que alguien podría abandonar el barco en el futuro, cuando los padres se escandalizan de que les sugiero que el niño de diez años supervise el trabajo del de seis años. Cuando veo a una señorita de dieciséis años que resiste asociarse con sus hermanos menores, sé que sus padres no le han dado responsabilidades sobre ellos. Ella ve las acciones caprichosas y desobedientes de sus hermanos cuando Mamá está ocupada en otras cosas y se frustra por su falta de obediencia. Sus hermanos menores han aprendido que ella es un tigre de papel, tiene ojos para ver y boca para quejarse, pero no tiene dientes. La Mamá hasta los "defiende" y "protege" de la hermana mayor y la trata como si ella fuera el problema. Han aprendido a abusar de ella en maneras muy sutiles sabiendo que será fuertemente regañada si se defiende. La jovencita de dieciséis años no puede esperar el día en que se vaya de la casa y se aleje de esos muchachos malcriados.

Cuando los padres me oyen hablar sobre este tema, se oponen y me dicen: "Es que la jovencita de dieciséis años no es lo suficientemente madura para ser "mamá" de sus hermanos y hermanas menores. Ella es una jovencita problema, y además, es parte del problema." Como una vez dijo el Presidente Reagan: "Ahí van otra vez." Muchos padres que han escuchado mis consejos han regresado a casa y les han informado a sus hijos menores que la hermana mayor de ahora en adelante va a ser como su segunda "mamá" y que la van a tener que obedecer. Hasta se le permite aplicar disciplina ligera en el trasero a los más pequeños, digamos a los menores de cinco años. Se le autoriza a negarles a los otros ciertos privilegios.

Todos los niños entienden que los padres siguen siendo la corte final de apelaciones. Ahora bien, seguramente la hermana mayor cometerá por ahí algunos errores, pero ¿acaso no los cometemos todos? Eso es parte del aprendizaje.

Muchos padres han regresado a decirnos que después de que pusieron a su malhumorada y rebelde hija mayor encargada de sus hermanos menores, ella asumió su posición de responsabilidad con mucha seriedad y se puso a la altura de las circunstancias y trató de ser justa, equitativa y misericordiosa en todos sus tratos con ellos. Mostró madurez de la noche a la mañana. Y en cuestión de días ya le gustaban sus hermanos y ellos la respetaban. También ocurrió un sorprendente efecto secundario: creció el afecto entre ellos. La responsabilidad exige y produce lo mejor en cada uno de nosotros. Es como un imán atrayéndonos a la madurez.

Tómate el tiempo para sentarte con tus hijos mayores y preguntarles su opinión acerca de cómo van sus hermanos menores y de cómo entrenarlos mejor. Escuchen sus comentarios. Respeten sus opiniones. Asegúrate de decirles que no solamente vas a usar sus buenas ideas sino que quieres que ellos mismos las incorporen en su propio trato con sus hermanos menores. Agradéceles por ser una ayuda para ti. Ellos serán de aquellos que aprenden a nadar antes de haber tocado el agua.

Nosotros los humanos, por naturaleza, siempre estamos buscando mejorar, tratamos de estirarnos justo más allá de nuestro alcance. Y no somos felices a menos de que lo estemos intentando regularmente. Da a tus jóvenes toda la responsabilidad que puedan manejar y luego hazte a un lado y déjalos intentarlo. Define los parámetros en los cuales se les permite operar y luego déjalos libres para que experimenten, aunque fracasen (sin temer a ser castigados).

La confianza es un incentivo poderoso. Crea un ambiente que permita tu hijo, que haya cometido un error, que lo admita y tome responsabilidad, sin recriminación. Entonces podrá usar sus energías para mejorar su desempeño, en vez de caer en la trampa autodestructiva de hacer excusas. Los hijos hacen excusas cuando las consecuencias no les permiten otra salida. Proporciona un escenario en el cual puedan comenzar de nuevo, ya con las experiencias que los han capacitado para no volver a cometer el mismo error.

RESPETANDO LA AUTORIDAD

La autoridad es una dura realidad de la vida. Es verdaderamente una característica innata de la humanidad. Fuimos creados para estar bajo autoridad, libres dentro de los límites de los mandatos de la ley, pero bajo la obligación de sujetarnos a las autoridades superiores que representan la justicia y el orden. Toda legítima autoridad viene de parte de Dios, según Romanos capítulo trece, inclusive la autoridad secular. Los niños aprenden a respetar tu autoridad cuando ven que tú respetas tus autoridades superiores. Tú falta de respeto a la autoridad superior engendra la falta de respeto a tu autoridad desde abajo. El desdén por la autoridad en general surge del egoísmo descarado.

Hay ocasiones en la historia en que el lugar de la autoridad fue usurpado por hombres malvados con propósitos perversos. En tales momentos esa "autoridad" debía ser resistida, no por causa de un espíritu de orgullo, sino más bien en alianza con la justicia y el respeto por la dignidad humana. Tus hijos deben ver tu respeto, hasta reverencia, por la autoridad y si la necesidad hubiese de surgir de desafiar a la autoridad, ellos deben ver tu cautela y renuencia a hacerlo. Sólo entonces podrás esperar ser respetado por ellos con el mismo grado. Es imperativo que las madres no socaven ni desacrediten la autoridad del padre, y que los hermanos menores no vean a los hermanos mayores hacer caso omiso de la autoridad de los padres. De igual manera, si tus hijos te ven actuando de manera contraria a la autoridad a la que estás sujeto, ya sea la iglesia, tu patrón, las autoridades civiles locales, etc.; ellos se sentirán en libertad de no apoyarte cuando no estén de acuerdo con tus políticas.

La razón de esta disertación general acerca de la autoridad debe ser obvia al propósito de este libro; hay ocasiones en el barco de tu familia en que las tormentas obscurecen las metas y todo se ve perdido o sin esperanza. Cuando eso sucede, es el respeto a la autoridad lo que hace que el barco continúe en su curso hasta que las cosas se calmen y la moral pueda ser restaurada. Ha sucedido en ocasiones que muchachos o muchachas súbitamente abandonan el barco y rápidamente sufren algún daño irreparable, solamente para regresar una semana después arrepentidos reconociendo que tomaron una decisión apresurada y cometieron una tontería.

Además, los padres deben vivir y conducirse de tal manera que provoque respeto por, y confianza en, su autoridad. Es más allá de toda razón exigir que un chico que apenas va creciendo respete una autoridad que no es respetable. Es suficientemente difícil mantenerlos honrando lo honorable, pero esperar que honren lo repugnante y lo malvado es pedir demasiado.

ENGRANDECIENDO A LOS HIJOS

Hay una tendencia humana que está equivocada y que logra lo opuesto a lo que se desea. Pudieras tener un empleado que no está haciendo bien su trabajo, en vez de simplemente decírselo, comienzas a tomarla contra él, a hacer insinuaciones y decirle cosas hirientes una y otra vez. Ya no eres tan amigable con él como lo eres con los demás. Te portas más distante ya no bromeas ni te ríes con él. Se le trata como si fuera culpable de algo. Tú esperas que entienda las insinuaciones y trabaje mejor. Pero lo que él hará es renunciar para salir de toda esa condenación. Tú probablemente justificas tus acciones en esa parte de tu mente donde respetas tu sentido de equidad racionalizando que la presión que estás aplicando está diseñada para hacerle trabajar más duro para que sea aceptado; para que haga lo que debe de hacer, por supuesto. Pero él no se desempeñará mejor solamente para agradarte, ni siquiera para mantener el trabajo, porque el corazón le ha sido quitado en ese ambiente que has creado. Ahora odia la empresa y todo lo que ésta representa y saldrá en medio de una oscura nube de rechazo, para nunca jamás ser tu amigo, bajo ninguna circunstancia. Cuarenta años después, cuando se mencione tu nombre o cuando te vea viejo y medio jorobado caminando por los pasillos de un Wal-Mart, el deseará que hayas tenido una vida miserable. Sí, su desempeño no era aceptable, pero no lo trataste como una persona. Realmente lo despojaste de la energía emocional que necesitaba para mejorar su desempeño. Le rompiste la moral.

Puedo sentir tu dolor, porque puedo sentir el mío propio, habiendo tratado así a personas en el pasado. ¿Somos tontos o qué? Pero la gente que hemos lastimado y rechazado ha proseguido su camino. Probablemente nunca los volveremos a ver, y podemos olvidar y esperar que ellos también lo puedan olvidar. Y podemos esperar que no hayamos sido lo suficientemente importante para ellos como para dejarlos permanentemente marcados con cicatrices.

Mis comentarios dolorosos solamente han sido una preparación para una cirugía personal. Prepárate para el bisturí. ¿Te has relacionado con tu hijo en una manera similar? ¿Lo has dejado fuera, te has retraído, lo has criticado, le has manifestando tu desaprobación esperando que él o ella tome los pasos necesarios para ganar tu favor y obtener tu aprobación? Lo voy a decir una vez más, habiéndolo dicho y escrito muchas veces: "Nunca, nadie ha podido salir de debajo de un montón de desaprobaciones y escalarlo para ganar el favor de su acusador." Tu hijo hará exactamente lo que mismo hizo el empleado, huirá de tu presencia a la primera oportunidad. Abandonará el barco aunque haya tiburones en el agua. Mejor ser comido por los tiburones que ser comido con críticas cada día.

Todos sabemos cuando estamos en la presencia de alguien dedicado a elevarnos. Y también nos damos cuenta cuando alguien tiene intenciones ocultas para derribarnos, humillarnos, obligarnos a admitir que estábamos equivocados y de hacernos esforzar mucho más para ganar su aprobación. Naturalmente no queremos estar con ellos. Sin duda, piensan que siguen una misión de rectitud y que tienen un llamado divino para mantener un estándar más alto, y tú eres su campo misionero. Apesta, ¿no? Tus hijos pueden tener reacciones similares si así es como los tratas. Piénsalo.

En vez de derribar a tus hijos para hacerlos sumisos a tus órdenes, exáltalos para que no tengas que darles órdenes. Tu tarea como padre y educador principal es crear un ambiente que les permita liberar su potencial. Teniendo el ambiente propicio, te sorprenderás al ver lo que son capaces de lograr.

Nuestro empuje constante debe ser ayudarles a crecer más, a elevarlos, no con halagos vanos sino con espacio para que crezcan, con la oportunidad de fracasar e intentarlo de nuevo sin penas ni vergüenzas. Cuando tus hijos vean que te encanta ayudarlos a desarrollarse y crecer, les encantará y disfrutarán hacer lo mismo con sus hermanos y con otros. Cuando sientan que has sido paciente con sus fracasos, ellos serán pacientes con los tuyos. Cuando tus hijos te traten con dureza, sabrás con certeza que los has tratado con dureza.

COMENZANDO DE NUEVO

Cría a tus hijos como si tu entrada al cielo dependiera de sus buenas obras y actitudes. ¿Cómo te está yendo? ¿Quieres llegar a la raíz del problema? Pregúntales a tus hijos: "¿Qué es lo que más te gusta…menos te gusta de nuestro hogar? ¿Qué cambiarías si pudieras?" Sus respuestas te darán la oportunidad de reexaminar tus propias políticas y actitudes, y también será una ocasión para instruir a tus hijos de manera que les proporciones perspectivas frescas acerca de tus metas y tus razones. Cuando escuchas a tus hijos, los llegarás a respetar más como personas, y ellos estarán más dispuestos a hacer caso de tus políticas sin murmurar, sabiendo que han sido escuchados y sus opiniones tomadas en cuenta. Ellos apreciarán enormemente que te intereses en conocer cuáles son sus metas y luego que les ayudes a alcanzarlas. Se infunde creatividad y crecimiento a una familia cuando se comparte y clarifica la información. Los que la tienen prosperan. Los que no la tienen se estancan. Ellos tienen esperanzas, sueños y necesidad de entender porqué lo que están haciendo es importante; es decir, cómo se relaciona con todo lo demás. Tanto el optimismo como el pesimismo son contagiosos. Cuando un miembro de la familia tiene uno de estos tiende a pasárselo al resto de la familia. La intención de Dios es que los padres deben ser los que manifiesten el optimismo para que los hijos lo vean como una esperanza que ellos desean para sus vidas en el futuro. El infectar o contagiar a tus hijos con un espíritu de optimismo pagará muchos rendimientos en tu futuro y en el de ellos.

ARREPIÉNTETE, O VERÁS A TUS HIJOS PERECER

Este escritor entiende que hay más de predicador y profeta en él que lo que hay de terapeuta. No busco hacerte sentir bien acerca de ti mismo. Mi meta no es animarte, sino informarte de tus fracasos y llamarte al arrepentimiento delante de Dios. Será gratificante si al leer mis comentarios, pudieras aprender por lo menos un principio o técnica más y aplicarla con éxito en el entrenamiento de tus hijos.

Pero, si tú te arrepientes y te conviertes en un discípulo del Hombre de Nazaret, si fueres lleno del Espíritu Santo de Dios, siempre tendrás Alguien que te enseñe y habrá un cambio súbito y radical en tu vida entera, incluso en tu relación con tus hijos.

CAPÍTULO 4

PROPORCIONANDO ENTRETENIMIENTO

Así que ahí está, no me he reservado nada, no podría haberlo hecho de otra manera.

Hay un refrán infantil que dice: "Puro trabajo y nada de juegos convierte a Juan en un niño apagado." "Nada de juegos", también hará que Juan se sienta muy insatisfecho del barco en el cual se encuentra, y cuando sea suficientemente grande, observará la alegría de otros y empezará a pensar en abandonar el barco por otro que sea más divertido. Si quieres evitar que estén mirando con anhelo los buques que pasan, necesitas suplir su necesidad de diversión y entretenimiento. Es cierto que si se les deja solos, los niños se darán una sobredosis de entretenimiento, y al igual que Pinocho, encontrarán su ruina en la Isla del Placer. No obstante, a pesar de ese peligro, el hecho es que los niños y jóvenes (los adultos también) tienen una necesidad emocional legítima de participar en diversiones entretenidas.

Los adultos maduros y bien equilibrados viven para producir, y los juegos de recreo quedan claramente en un segundo plano; mientras que los niños pequeños viven para jugar ("cuando yo era niño pensaba como niño"). Los niños jamás trabajarían si no fueran obligados y entrenados a hacerlo. Durante sus primeros veinte años, gradualmente cambian de una vida de juegos de tiempo completo a una vida de trabajo de tiempo completo. También hay una transición rápida en las formas de sus juegos. En un periodo de quince años, habrán pasado de probar todo lo que encuentran en el piso a querer montar motocicletas en competencias o competir en partidos internacionales de ajedrez. Llega a ser difícil para los padres mantenerse al corriente de los intereses cambiantes de sus hijos. Ahora entiendo claramente por qué Dios escogió dar los bebés a la gente joven y no a nosotros los ancianos. Se requiere de mucha energía para poder suplir sus siempre cambiantes y crecientes necesidades.

La clave para proporcionarles un entretenimiento apropiado y adecuado es que tú debes disfrutar plenamente verlos inmersos en una diversión sana y buena. A los niños siempre les ha gustado empujar o montar algo. Les gusta la emoción de cosas sencillas, como resbalar cuesta abajo por una colina herbosa y empinada sobre un pedazo de cartón o en un trineo en la nieve o patinar en el hielo. A los niños les encantan las ruedas, desde las edades más tempranas, y seguirán con esa afición hasta que eventualmente te estén rogando que les prestes tu "coche con ruedas" para dar un paseo divertido. Me encanta poner a los niños de un año sobre juguetes de plástico con ruedas y enseñarles a empujarse con los pies. Pronto, se gradúan a un triciclo y luego a una bicicleta. ¿Te acuerdas de su entusiasmo cuando por primera vez montaron su bicicleta ya sin las rueditas de entrenamiento, y qué emocionados estaban cuando dominaban los patines, las patinetas y los esquís? ¡Siempre querían ir más rápido!

Cuando yo era niño, mi papi me ayudó, trayéndome unas ruedas viejas de un carromato, unos ejes y unas tablas viejas. Las ruedas de las máquinas para cortar el césped son excelentes. A la edad de ocho años, junto con otros niños vecinos, construimos lo que llamábamos un "carro de empujones," una cosa con cuatro ruedas, un asiento y una manera de conducirlo. Papá traía cubetas con restos de pinturas brillantes y pintábamos nuestros carros de empujones para que fueran los más bonitos y elegantes del vecindario. Luego buscábamos una calle empinada donde no hubiera tránsito de vehículos y nos lanzábamos por el pavimento, mientras una persona lo montaba y lo conducía, otra lo empujaba tan rápido como sus piernas lo permitían. De ahí era cuesta abajo mientras durara el "vuelo" y competíamos para ver cual carromato era el más rápido. Claro que había muchos choques, y el que empujaba a veces se caía de boca por el camino. Y, por supuesto, en ocasiones los carritos se volcaban o chocaban en una cuneta. Pero el "desafío y la emoción" eran lo que lo hacía tan divertido.

Mis papás desempeñaban sus papeles muy bien. Mi papá proveía la materia prima y una sugerencia ocasional sobre cómo mejorar el diseño. Mi mamá siempre se admiraba de mis trabajos de pintura y de mi ingenio. A mi abuela le gustaba ver las carreras, especialmente si había choques. Cuando finalmente podíamos convencer a Papa para que se sentara en nuestra obra de arte y nos permitiera empujarle, esa era la máxima emoción y alegría. Y verlo ahí sentado tan vulnerable, tan derechito y asustado simplemente agregaba más placer a nuestro "gran" logro.

Después de que había crecido, me había casado y hasta tenía hijos, invité a mi papá a que se sentara junto a mí, en el asiento del pasajero de mi recién diseñado "carro arenero" hecho de la carrocería de un Volkswagen escarabajo (vocho). Lo aseguré con el arnés de seguridad tipo avión de propulsión a chorro y aceleré el coche hasta unos sesenta km. / hr. y lo puse a girar, con el riesgo obvio de voltearnos. El estaba muerto de miedo y le encantaba. Cuando ascendimos una loma y luego salimos volando por unos dieciocho metros, comenzó a gritar y es cuando realmente comenzamos a divertirnos. Por lo menos, yo. Al poco tiempo, ya lo andaba manejando él solo (yo no me atrevía a subirme con él después de lo que le hice pasar) y se fue girando hasta caer en un pantano, empapándose él y el coche. Nos divertimos en grande ese día.

Los tiempos cambian y los juguetes también, pero los niños siguen siendo iguales. Tienen una necesidad inherente de buscar retos y convertirlos en diversiones emocionantes. Se subirán a la cima del árbol más alto, se lanzarán al agua desde el lugar más elevado que se atrevan a subir. Más tarde querrán saber que tan rápido puede ir el carro de la familia. Es peligroso ser un niño y siempre lo será, pero para ellos es pura diversión. Nosotros los adultos tenemos que poner el freno, las restricciones y la cautela mientras todavía podamos, antes de que sean suficientemente grandes para desaparecer de nuestra vista rápidamente. Pero siempre jugarán y en el juego siempre buscarán lo emocionante del mismo. Para un niño de diez meses será subir hasta arriba de las escaleras, escalón por escalón o un niño de diez años subiendo la torre de agua o uno de veinte años aprendiendo a planear con ala delta.

LOS JUEGOS DE LAS NIÑAS

Las niñas empiezan jugando de manera similar a los niños, pero con menos intentos de hacer lo más emocionante. Les encantan los caballos y las bicicletas, pero también disfrutan jugar a ser mamás. Las niñas pequeñas, inclusive las de un año, se entretienen jugando a la casita y a la familia. "Mama Pearl", mi esposa, acaba de comprar una escoba de medio metro para Gracie, que tiene diez meses. Ella pasa mucho tiempo "barriendo" el piso. Laura rose, que tiene casi tres años tiene su propio juego de "té". Pasará una hora jugando con su "vajilla" y sirviéndoles té a todos. Cuando mis hijas tenían seis años, horneaban algo y esperaban que el mundo entero se detuviera para disfrutar de su rico pan. Yo disfrutaba mucho ver sus numerosos intentos, aun cuando en ocasiones tenía que pretender tragarme lo que me daban, para luego salir de la cocina para ir a deshacerme a escondidas del bocado poco agradable.

Los padres que acostumbran hacer a un lado a sus hijos, no queriendo ser molestados con sus juegos frívolos, perderán el corazón de sus hijos. No es suficiente dar tiempo a los niños para que jueguen; necesitas "sacrificar" tu tiempo y tu persona para jugar con ellos. No tienes que estar físicamente con ellos en los columpios todo el tiempo, pero necesitan sentir que tus ojos los están viendo desde la ventana de la cocina. Hasta puedes hacer una pausa en tu trabajo y salir afuera con ellos, de cuando en cuando, para reírte con ellos o quedar "impresionado" con sus habilidades.

Yo siempre procuré ser la fuente de entretenimiento más emocionante disponible para mis hijos. En verdad, los animaba a hacer esas cosas atrevidas. Les ayudé a construir una rampa para que saltaran en sus bicicletas, les animé a que se columpiaran más alto, a echarse maromas al estanque mientras se columpiaban de una cuerda y a echarse clavados difíciles desde el trampolín. Los llevaba a patinar y jugábamos carreras en la pista de hielo. Cuando nevaba, lo que ocurría sólo una o dos veces al año en Memphis, detenía todo lo que estaba haciendo para jugar con ellos. Construíamos un trineo y nos íbamos a buscar la colina más alta. Luego intentábamos tomar las curvas a toda velocidad, nos volcábamos vez tras vez hasta que por fin lo hacíamos bien. Cuando lo lográbamos, estábamos orgullosos, con buena razón y nos felicitábamos profusamente.

En ocasiones, llevaba a los muchachos al pantano, donde con frecuencia atrapábamos o matábamos víboras y pescábamos muchos peces, hasta llenar nuestros sacos. Matábamos a los peces más grandes con lanzas o les disparábamos con flechas. Ir a explorar territorios "desconocidos" para nosotros siempre era emocionante, algo que disfrutábamos mucho. Practicaba béisbol con los muchachos hasta que llegaban a ser lo suficientemente buenos para que no les diera pena al jugar en algún equipo local. Pero para ellos, una temporada fue suficiente. Preferían mejor los lugares agrestes y les gustaba lanzar cuchillos para clavarlos mientras esperaban la siguiente excursión divertida y emocionante conmigo.

Teníamos un estanque donde nadaban los niños, pero se aburrían nadando solos, así que empezaban a rogarme que me metiera con ellos. Cuando yo empezaba a caminar hacia el estanque, todos se emocionaban y los que aún no se habían echado al estanque se daban prisa para alcanzarnos. Sabían que yo iba a agregar una dimensión nueva a la diversión, aunque nada más los viera y me riera de sus hazañas acrobáticas en el agua.

VIDA SOCIAL

Ahora bien, aunque es muy importante estar involucrado con tus hijos durante sus años infantiles, el tiempo más vital para el entretenimiento es cuando empiezan a llegar a los años de la adolescencia intermedia. A los quince años, más o menos, su vida social llega a ser una parte significativa de su entretenimiento y en muchas ocasiones es su interés primordial. El entretenimiento social tiene el potencial de impactarlos de una manera muy negativa y es por esto que esta etapa exige mucho discernimiento de los padres. Es en este punto cuando, muchos padres cometen el error de tratar de aislar completamente a sus hijos adolescentes, separándolos de otros jóvenes, para evitar que hagan algo tonto o destructivo, ya sea físicamente o moralmente.

Cuando mis hijos llegaron a su adolescencia temprana, puse una red de voleibol justo atrás de la casa e invitaba a otras familias a juntarse con nosotros. Muchachas y muchachos de su propia edad venían a jugar. Nosotros siempre estábamos ahí, juntos, para supervisar a los chicos. Así podían socializar con el sexo opuesto de una manera natural, sin caer en el patrón de noviazgo tan común en la sociedad moderna.

Voy a ser muy franco respecto a la vida social de los adolescentes. Cuando los chicos están pasando por la pubertad, en particular los varoncitos, el deseo de aparearse llega a ser un interés intenso. Comienzan a vivir en un mundo de sueños, de día y de noche. No lo puedes evitar. Es absolutamente natural y es bastante glorioso y maravilloso. Es el diseño de Dios, que tiene como propósito hacer que se quieran casar y reproducirse. Además, por diseño divino, el impulso sexual constituye la tentación más determinante que jamás enfrentará un muchacho o un hombre. Es la prueba máxima del carácter y es el fundamento sobre el cual se puede establecer el dominio propio. Sobre este punto crucial y central, los jóvenes varones o naufragan, a veces sin recuperarse jamás, o llegan a ser fuertes de carácter, protegiendo su vaso en honor y santificación.

Las muchachas inicialmente no son controladas por un impulso sexual, pero sus anhelos para lo romántico y su necesidad dada por Dios de ser atesoradas y poseídas por un hombre las hace muy vulnerables a los engaños de hombres depravados e inmorales. Las señoritas pueden fácilmente llegar a ser "adictas" a la atención masculina, vendiendo muy barata su pureza para obtenerla. Las muchachas de hogares infelices son las más rápidas en abandonar el barco, lanzándose a los primeros brazos masculinos que se dirigen a ellas.

Puedo entender por qué muchos padres quieren aislar a sus hijos y salvarlos de su vulnerabilidad en esta área, pero no los pueden aislar de sus imaginaciones y pasiones. Es de gran ayuda para tus hijos, cuando llegan a esta edad, si los tienes muy ocupados en otras cosas. Si un muchacho se encuentra ocupado con trabajo duro y juegos activos, gastará mucha de su testosterona de esa manera. El refrán que dice, "la mente desocupada es el taller del diablo" no es una frase ociosa, pero el cuerpo ocioso también es el juguete del diablo.

LA CLAVE

Estamos tratando el asunto vital de brindar una vida social segura para nuestros jóvenes. Esta es la clave delicada: Los puedes inocular contra las pasiones desordenadas con inyecciones controladas de una vida social supervisada. Los hijos abandonan el barco cuando piensan que sus necesidades más apremiantes no se pueden satisfacer en el curso actual de su viaje. Si continuamente aíslas a tus hijos en un barco y no los expones a las muchachas, tarde o temprano se echarán al mar, y una vez que lo hagan, ya no tendrás influencia alguna en la manera en que buscarán su satisfacción. Así que tienes que brindar una vida social que promete una esperanza fuerte de satisfacción futura en esta área. Los jóvenes estarán más dispuestos a ser pacientes si pueden ver que su barco es parte de una flota que, de tiempo en tiempo, se reúne en algún puerto con otros barcos que traen a bordo jóvenes guapos y señoritas hermosas listas para ser arrebatadas.

En la mayoría de los casos, tus hijos se casarán con alguien del círculo de amistades en el cual fueron criados. Ellos escogerán pareja mucho antes de que tú siquiera sospeches que tuvieran interés en alguien. Aunque es posible que cambien de opinión, y hasta en varias ocasiones, siempre tendrán a alguien en su imaginación como candidato a futuro cónyuge. Aun si terminan casándose con alguien fuera de su círculo social común, las ideas de tus muchachos respecto a lo que les gusta o esperan de una muchacha se habrán formado por sus contactos iniciales (que tú facilitaste) con muchachas de trece, catorce y quince años, y las habrán formado acabando de salir de la pubertad. Si crees que puedes reemplazar este impulso natural, dado y ordenado por Dios, simplemente enseñándoles principios Bíblicos, ¡estás muy equivocado! Pero después hablaremos acerca de la amonestación Bíblica y la edificación de carácter.

LA COMUNIDAD

Idealmente, tu familia debe ser parte de una comunidad de familias con ideas afines que comparten los mismos valores, principios bíblicos y cosmovisión. Si tu joven de dieciséis años puede mirar a su alrededor y ver una señorita la cual cree que sería una excelente esposa, él se mantendrá en tu barco, haciendo sus tareas y los sacrificios necesarios esperando hasta que llegue la oportunidad de entrar en una relación matrimonial bajo las normas de la comunidad de la cual forma parte. ¡Ahí está! Lee esa oración de nuevo. Él esperará hasta que llegue la oportunidad de casarse bajo las normas aceptables para la comunidad. La comunidad es un factor regulador más seguro y poderoso que el dominio propio de los chicos involucrados; más poderoso que sus propias convicciones. Aun los jóvenes que no son salvos y no cuentan con convicciones personales se conformarán a los valores comunitarios, si eso es lo que se requiere, para obtener el deseo más profundo de sus corazones, o de su carne.

Si quieres garantizar casi al cien por ciento que tus hijos no abandonarán el barco (siendo los demás factores iguales), proporciónales una vida comunitaria que les dé esperanza de poder encontrar en ella a su futuro cónyuge. Si tu comunidad es demasiado cerrada y fariseica, tus hijos quizá decidan desde temprano que no quieren vivir de esa forma el resto de sus vidas y quizá decidan que no se van a casar y vivir dentro de tu círculo comunitario. Estarán parados junto al barandal mirando pasar a los demás barcos que parecen ser más sinceros y amistosos. Una vez que los muchachos dejan los factores limitantes naturales de su comunidad, lo que queda para controlarlos es su propia sabiduría y dominio propio, los cuales generalmente no son suficientes para impedir que los jóvenes, aún los jóvenes "cristianos", hagan algo tonto y lamentable.

AGRANDANDO LA COMUNIDAD

Cuando hablo de proporcionarles una comunidad, no estoy hablando necesariamente del "pueblo tradicional", de viejos amigos y parientes, todos de una sola filosofía, que asisten a la misma iglesia del pueblo y que van de día de campo al parque municipal después de haber escuchado música cristiana y un discurso político. Eso pudiera ser bonito, pero en la mayoría de los casos, dicho ambiente ideal ha desaparecido por completo en nuestro país. En algunas áreas se puede recuperar parcialmente, pero sólo con mucha dificultad y sacrificio.

Tu familia puede ser parte de una iglesia y comunidad muy pequeña, ofreciendo pocas posibilidades para que tus hijos jóvenes encuentren cónyuges. Esta una condición próxima a suceder de abandonar el barco, a menos que logres agrandar la comunidad y el número de posibles cónyuges para tus hijos. Si estás en esta situación, debes ocuparte de inmediato en agrandar tu comunidad. Una manera de hacerlo es salir y viajar con tus hijos de quince a dieciocho años, visitando a otras familias que tengan hijos en una edad adecuada. Asiste a campamentos, conferencias bíblicas y demás eventos con cristianos que tengan principios afines. Tu familia se tiene que mantener conectada con otras familias de alguna manera que brinde a tus hijos, próximos a ser adultos, la esperanza de encontrar cónyuge. El ver a otras familias que tienen jóvenes que pueden ser posibles cónyuges, aunque sea solamente una o dos veces al año, puede ser suficiente para dar esperanza a tus jóvenes soñadores. Cuando los jóvenes empiecen a soñar con un cónyuge en particular, esto crea una influencia estabilizadora en sus vidas. Ahora tendrán un incentivo poderoso para conservar su virtud para alguien que consideran no es digno de menos.

Hay una enseñanza popular que dice que hay que decirles a nuestros hijos que sean pacientes, y que Dios traerá a sus vidas a la persona idónea creada en el cielo para ser su cónyuge. Para unos pocos jóvenes consagrados, que han dedicado sus vidas a servir a Dios en el campo misionero o en un ministerio de tiempo completo, sin duda es cierto. Pero, el chico promedio que nunca ha experimentado un andar profundo en la fe no va de alguna manera a tener fe en esta área, para simplemente quedarse sentado hasta que tenga treinta años esperando que esa mujer especial caiga del cielo a sus brazos.

Recibimos muchas cartas como una reciente que habla de una mujer de 28 años que abandonó el barco y se casó con un hombre mayor divorciado con una historia desastrosa y tres hijos. Conforme se iba haciendo mayor veía que el pequeño grupo de "posibles" candidatos se iba haciendo cada vez más pequeño hasta desaparecer. Perdió la esperanza y necesitaba amor. Neciamente rechazó a su capitán y a su familia, y se aventó a los tiburones en vez de seguir en ese viaje solitario y sin esperanza que la llevaba a la isla de las "quedadas" o de las solteronas. Los hijos mayores, así como los adultos jóvenes tienen que tener una esperanza visible y tangible, con una vida social que proporcione cónyuges potenciales del mismo calibre que ellos.

Yo sé que los hijos deben ejercitar más dominio propio, deben ser más pacientes y que deben hacer caso a los consejos de sus padres y de los ancianos de su iglesia. También estoy de acuerdo en que deben ser sabios y espirituales, y en que deben buscar primero y ante todo la voluntad de Dios, pero pocos lo hacen, y por otro lado, casi todos ellos se casarán eventualmente. No arriesgues a tus hijos poniendo un estándar para el matrimonio demasiado alto que haga que se desesperen al no poder alcanzarlo. Cometes un grave error si no consideras la posibilidad de que quizá alguno de tus hijos no sea un gigante en discernimiento espiritual. Quizá simplemente se casen con una conocida, o una que tú les proporciones o una que conocieron en la tienda de renta de videos.

Dios te ha escogido como capitán de tu barco. Estás autorizado para mandar a tu tripulación, pero recuerda que muchos viajes han acabado con una tripulación desanimada que abandona el barco, o peor todavía, que se amotina. Proporciónales a tus hijos una comunidad. No fracases en esta última tarea que se te ordena llevar a cabo: Proporcionarles una comunidad adecuada para que felizmente los puedas mandar a tierra para producir una generación piadosa. Dales esperanza y permanecerán contigo hasta que los hayas entregado a un compañero de toda la vida que es digno del tiempo y oración que has invertido en ellos.

LOS CITADINOS

Si vives en un apartamento en una ciudad grande, todavía puedes proporcionar una comunidad, pero no sucederá por accidente. Requerirá de decisiones muy sabias y un control cuidadoso. Tienes que buscar activamente a otros de fe y convicciones afines, creando compañerismo con ellos. En la ciudad, es poco probable que encuentres una iglesia que brinde una vida comunitaria adecuada para tus hijos. Una iglesia recibe a todos y a cualquiera que decida entrar por las puertas del templo, y así debe ser. Pero para tener una comunidad adecuada para tus hijos adolescentes, necesitas ejercitar tu libertad de no asociarte con algunas familias. Tienes que escoger y decidir con sabiduría. Si eres un incauto ingenuo, que das la bienvenida a tu hogar a cualquiera que busca asociarse con tu familia, más vale que arrojes tus hijos a los lobos, porque los muchachos son propensos a adoptar las peores influencias que tú permitas que entren a sus vidas. Si no puedes juzgar entre el bien y el mal, y no tienes la valentía para huir de las malas compañías, tus hijos corren peligro por tu falta de valor y decisión. Aprende a decir "no" a la compañía de personas impías y dilo con firmeza. Usa la palabra "No" de tal forma que no se pueda confundir con "Tal vez en otra ocasión."

"No, no queremos ir a ese lugar."

"No, estoy guardando a mis hijos para cosas mejores."

"No, eso no es diversión para nosotros."

"No, pienso que sería mejor que nuestras familias no se junten, pues nosotros tenemos convicciones que sus hijos no parecen tener".

¿Les llamarán: "hipócritas, legalistas, fariseos y separatistas?" Sí, lo harán y dirán cosas todavía peores, pero cuando vives en Sodoma (cualquier ciudad en el país), una de dos o te dejas llevar por la corriente popular, por lo que todos los demás hacen, o estableces tu propia agenda de valores y principios, y los pones en práctica sin importar quién se ofenda. Determinar quienes forman esa comunidad piadosa de verdaderos creyentes dentro de tu iglesia o ciudad y proteger sus fronteras, no es tarea fácil, pero conozco a muchas familias que lo han hecho exitosamente. Si un virus mortal empezara a avanzar por el mundo, nadie te criticaría o juzgaría por poner en cuarentena a tu familia. ¡Cuánto más mortal es la enfermedad del pecado que infecta al mundo de hoy! Solamente asegúrate de que la "cuarentena" de tu familia, su aislamiento, sea compartido con suficientes familias piadosas de manera que tus hijos no lo sientan como asilamiento. El punto no es que dejen de tener una vida social, sino establecer esa vida social alrededor de tus convicciones bíblicas y cosmovisión. Hay familias, allá afuera, que son parte del remanente de Dios, como lo es tu familia.

CAPÍTULO 5

EDIFICANDO CARÁCTER

Uno de nuestros lectores escribió a nuestros hijos y les hizo la pregunta: "¿Qué hizo tu papá para equiparlos para vencer al mundo?" Aquí está la respuesta de nuestra hija Rebekah.

PROTEGIENDO A TUS HIJOS

Rebekah Joy Pearl de Anast

La reacción y apertura de Papá respecto al pecado y el hecho de que Dios aborrece el pecado, nos dio la seguridad para tratar con el mundo cuando Papá no estaba a nuestro alrededor. En una ocasión, cuando tenía ocho años de edad, fui al buzón del correo que estaba junto al camino para recoger la correspondencia que había dejado el cartero. Sobre el césped, a unos pasos del buzón estaba una revista con las pastas totalmente blancas. Pensando que se le había caído al cartero fui a recogerla. Al levantarla se abrió en mis manos y por unos tres segundos miré sorprendida y con horror a la pornografía que estaba frente a mis ojos. Una docena de conversaciones y declaraciones que mi Papá había hecho respecto a este tema corrieron a mi mente.

Recuerdo en otra ocasión anterior, en un viaje a la ciudad de Memphis con la familia, al pasar por una calle del centro, vi a una mujer semidesnuda que era jaloneada y abofeteada por un hombre vestido con un traje de color rosa. "Es una prostituta", nos dijo Papá, "ese hombre es el que la explota, el que la maneja. Ella trabaja para él, vende su cuerpo a hombres lujuriosos que arderán en el infierno, lo hace para poder seguir comprando drogas a las que es adicta. Hijos, Dios detesta la prostitución y la pornografía porque destruye a las familias." Nosotros los niños nos quedamos viendo horrorizados al hombre y a la mujer que enseguida entraron a tropezones en un edificio que tenía luces de neón y ventanas oscurecidas.

"¿Saben lo que es la pornografía?", nos preguntó Papá. Nos quedamos mirándole todavía sacudidas por lo que acabábamos de ver. "Son fotografías de hombres y mujeres desnudos... y otras cosas que no les voy a decir."

"¿Por qué permiten esas mujeres que otras personas les tomen fotografías si están desnudas?", preguntamos.

"La mayoría de esas mujeres fueron molestadas sexualmente cuando eran niñas por sus tíos, primos, hermanos, amigos o hasta por personas totalmente desconocidas. Ahora ya no tienen ningún sentido de autoestima. Se sienten sin valor así que no protegen sus cuerpos. Más bien, venden sus cuerpos por dinero a hombres igualmente sin valor que también molestan a otras mujeres y niñas." Todos nos estremecimos, pues nos era difícil aceptar lo que Papá nos decía.

"Dios aborrece tanto este pecado que cuando los israelitas estaban por entrar a Canaán, Dios le dijo a Josué que mataran a todo hombre, mujer y niño porque todos habían estado involucrados en pecados sexuales. Dios dice que es mejor que a tal hombre se le ate al cuello una gran piedra de molino y sea arrojado al mar para que se ahogue a tener que enfrentar la ira de Dios que vendrá si se mete con niños de esta manera." Todos asentimos con la cabeza, pensamos que sería un castigo justo para una persona tan malvada.

En cualquier momento en que vean pornografía delante de ustedes, hijos, quiero que se den la vuelta, no la vean, porque si lo hacen se grabará en sus mentes y les fastidiará por años. Enrolla la revista o la página y quémala o destrúyela para que nadie más la vea. Y no te confíes de nadie. Si un tío o un primo quiere hablarte de este tipo de cosas o quiere tocarte, quiero que grites a todo pulmón y corras alejándote de ellos y quiero que cuentes lo que pasó. Y no sientas que tienes que ser cortés o educada, ni esperarte para ver si realmente es una mala persona. En el primer minuto en que sientas que algo no está bien, huye de esa persona..." Papá prosiguió a darnos instrucciones detalladas acerca de cómo protegernos a nosotros mismos y a nuestras mentes. Todo esto vino a mi mente en el momento en que cayó abierta en mis manos de niña de ocho años aquella revista pornográfica. Aunque nunca había visto pornografía antes inmediatamente supe lo que era. Una indignación justa broto de dentro de mí, así que estrujé y arrugué esa revista entre mis manos, la comprimí lo más que pude y marché con ella a la casa. Fui directamente a mi Papá y le conté lo que había pasado. La quemamos y yo sentí una satisfacción interna por haber destruido una pequeña parte de la maldad en el mundo.

Cuando mis hermanos tenían diez y doce años de edad encontraron engrapadas en algunos árboles varias páginas de pornografía que algún obsceno cazador había dejado a propósito para que fueran vistas por los niños Amish (grupo menonita) de la localidad. Mis hermanos reaccionaron de la misma manera que yo. Se voltearon para no ver las fotografías y luego caminando de espaldas se acercaron a cada árbol, arrancaron las páginas, las hicieron bolita, las pusieron en sus mochilas y se las llevaron a la casa donde las quemaron.

A veces me he preguntado cual hubiera sido nuestra reacción ante la pornografía si Papá no nos hubiese dicho nada al respecto. ¿Qué si no hubiéramos sabido qué tipo de personas la producen y usan, y lo que Dios piensa de ella? Hasta nos dijo qué hacer CUANDO la encontráramos no SI alguna vez la encontrábamos. Papá sabía que el mundo está tan corrompido que sería imposible protegernos y aislarnos de todo. Así que nos capacitó para que manejáramos la corrupción nosotros mismos. Si nunca antes hubiera oído acerca de la pornografía es posible que aquel día, ante mi asombrada curiosidad, hubiera tomado la revista y hojeado sus páginas cauterizando mi conciencia. Luego, mi sentido de culpa me hubiera evitado decir a mis padres lo que había encontrado. ¿Y que hubiera hecho con esa revista? ¿La hubiera escondido? ¿La hubiera compartido con mis hermanos varones? No lo sé. Pero la verdad y el conocimiento que tenía a esa fecha me protegieron y me mantuvieron libre. ¡Agradezco tanto a Dios por lo que mi Papá hizo por nosotros!

Cuando tenía 14 años de edad, nosotros (mis hermanos varones y yo) estábamos nadando en el arroyo con nuestros vecinos. Ellos tenían tres varones de nuestras mismas edades: 14, 12 y 10 años de edad. Un muchacho con cara de pervertido pasó varias veces en su coche por el lugar en donde estábamos nadando, asomándose por la ventana mirando con lascivia. Mi hermano Gabriel hizo un comentario diciendo que probablemente era un "joto." Nuestro amigo de 14 años nos volteo a ver con curiosidad y preguntó: "¿Qué es un joto?"

Mi hermano contestó: "Tú sabes, un maricón." El muchacho meneo la cabeza en señal de confusión. Gabriel le dijo: "¡Un homosexual!" Todavía sin entender, el joven educado en el hogar de 14 años, meneaba confusamente la cabeza. Gabriel se rió, pensando que su amigo se estaba haciendo el tonto.

"Vamos, tienes que saber lo que es un joto. Tú sabes, los muchachos que se meten con otros muchachos. ¡Los pervertidos!"

Hasta el día de hoy recuerdo la mirada confusa en la cara de ese chico. NO era una mirada de sorpresa ni de curiosidad. Era una mirada que decía: "¿Hay una palabra para eso? ¿Tú sabes de eso? ¿Hay otras personas que saben acerca de eso? ¿Tú sabrás...?" Sentí lástima por mi amigo ese día. Me preguntaba qué experiencias podía haber tenido, al no haber tenido ninguna preparación ni advertencia.

Muchas veces cuando niña recuerdo haber ido con Papá a cargar gasolina. Al entrar en el mini-súper para hacer el prepago, si la tienda vendía pornografía, Papá retiraba el dinero del mostrador y le decía al cajero que no podía comprar gasolina ahí porque se acababa de dar cuenta que promocionaban la violación y el abuso de menores. El cajero pondría una cara de sorpresa y entonces Papá señalaba hacia las revistas que se encontraban a espaldas del cajero. El cajero SIEMPRE se miraba avergonzado y con cara de culpable. Nos volteaba a ver a nosotros, los niños y todos lo estábamos viendo con una mirada acusadora de sospecha (¿Es usted un pervertidor de menores?) antes de darnos la vuelta para salir. Estos incidentes causaron una inolvidable impresión en nosotros. Las reacciones de Papá, su franqueza para hablar de lo que es pecado y su aborrecimiento del pecado, nos dio la confianza para enfrentar el pecado cuando Papá no estaba presente.

CONOCIENDO EL BIEN Y EL MAL DESDE LA PERSPECTIVA DE DIOS DE LO QUE ES BUENO

Nuestros padres también se aseguraron que conociéramos la diferencia entre la sexualidad justa y la sexualidad malvada. Había una clara distinción en nuestras mentes. Cuando estábamos muy chicos, Papá con mucha franqueza nos explicó que Dios creó todas las criaturas macho y hembra, para su placer y reproducción. Dios creó el sexo para ser puro y santo entre un hombre y una mujer, quienes eventualmente serían el papá y la mamá de un montón de niños. No debería de haber ninguna confusión ni vergüenza en esa relación. Fue diseñada por Dios para ser completa, funcional y feliz.

Una vez, cuando los perros se estaban apareando, Papá nos llamó afuera para que viéramos lo que estaban haciendo, luego nos dijo que nos volviéramos a meter a la casa para darles algo de privacidad. Dentro de la casa y sobre la mesa de la cocina nos dibujó con papel y pluma un espermatozoide nadando por un canal y dirigiéndose al óvulo. Nos dio una explicación completa y práctica acerca de la reproducción. Teníamos 8, 6, 4 y 2 años de edad.

Estaba tan emocionada por el milagro de la reproducción, que cuando mi prima de 9 años vino a la casa más tarde ese día, tomé el dibujo que había hecho Papá y trate de decirle lo que nos había explicado Papá. Afortunadamente, no pude recordar los nombres de todas las partes, así que fui a preguntarle a Mamá. Ella rápidamente tomó la hoja de papel y me dijo que eran los papás de mi prima los que le debían explicar esas cosas a ella y que yo no debía de hablar de esos temas fuera de la familia. Más tarde Papá me explicó que esos temas no se discuten en público, aunque no son temas vergonzosos. No lo entendí plenamente pero sabíia que podía confiar en lo que él me decía.

Nuestros padres nos dieron una noción feliz del matrimonio al permitirnos verles abrazarse, besarse y disfrutar de su mutua compañía. Nunca nos dieron los datos específicos acerca del sexo, pero nos aseguraban que el matrimonio era algo grandioso y que Dios estaba preparando a alguien maravilloso para cada uno de nosotros si nos manteníamos puros y andabamos rectamente hasta el tiempo de casarnos. Este gran ejemplo, contrastado tan claramente con vislumbres ocasionales de la fealdad del pecado, contribuyó a que fuera fácil para mí decidir esperar por el mejor hombre para mí.

Muchos padres nos escriben diciendo que quieren proteger la inocencia de sus hijos. No quieren que sepan de la maldad que hay en el mundo. Comprendo su preocupación. Es muy triste que vivamos en un mundo donde la maldad tiene rienda suelta, donde la pornografía infantil está disponible para cualquier persona que la quiera accesar. Es nauseabundo y repugnante. Espero que el Señor regrese pronto por nosotros y le rompa los dientes a los impíos antes de lanzarlos al lago de fuego donde estarán en tormento por toda la eternidad. Pero la verdad es que nuestros hijos se van a enfrentar con la realidad de nuestra sociedad corrupta de una manera o de otra. O lo van a oír de uno de esos chicos pervertidos o de un despistado que ni sabe y sólo está adivinando o imaginando cosas. Lo pueden oír de las películas de Hollywood, de un libro, de la TV o del Internet… o tal vez hasta de ti. ¿De cuál de estas fuentes quieres que lo oigan primero? Papá se aseguró de ser el primero en contarnos los secretos de la vida. Se aseguró de que su información fuera lo más correcta y completa, y se aseguró que lo recibiéramos desde el punto de vista del bien, antes que del mal.

A LOS PADRES

Conozco a una muchacha que tiene veinte años y todavía es virgen. Es hermosa, sociable y lista. Hay una fila continua de muchachos compitiendo por su atención. Les sonríe y meneando la cabeza les dice, "no" cuando la invitan a salir. "Todavía no estoy lista para casarme", les dice. Una vez la escuche decir a varias jóvenes que cuando conozca al joven que piensa puede ser el indicado y él la invite a salir, piensa llevar a toda su familia a su primera cita como una sorpresa. Ella tiene dos hermanos y dos hermanas y unos padres muy animados. Si él sigue interesado después de esa primera cita con su bullanguera y alborotadora familia, entonces lo consideraría. Tal vez te has formado una imagen mental de esta chica como de una muchacha muy espiritual, educada en el hogar, de cabello largo y con un vestido de mezclilla de estilo conservador con un historial sólido de inocencia. No es así. Esta jovencita fue criada en una familia inconversa hasta los diez años de edad. Su padre era un alcohólico antes de convertirse a Cristo. Fue a una escuela pública (una muy mala escuela pública) desde la preprimaria hasta terminar el bachillerato. Sus padres no le imponen ninguna regla respeto a la vestimenta, música, salir con muchachos, ni de ninguna otra cosa, ¡de veras! Puede ir y venir como le plazca y salir con el muchacho que quiera. Pero nunca lo ha hecho. ¿Por qué? Porque ella está andando conforme al Espíritu de Dios y el de sus padres, y no de acuerdo a una serie de reglas.

Desde el día en que se convirtieron sus padres comenzaron a buscar a Dios con todo su corazón. Ellos no buscaron una religión. Ni una iglesia. Ni siquiera la Biblia. Solamente a Dios y a Dios solo. Dejaron completamente a un lado sus vicios para seguirle. Le buscaron diariamente de rodillas y ministraron a las personas que les rodeaban. No están tratando de balancear sus comodidades con su cristianismo. Buscan complacer a Dios, no a ellos mismos. Su hogar se encuentra, todo el tiempo, lleno de personas necesitadas; el tipo de personas con las que yo no quisiera se juntaran mis hijos. Esta muchacha vio el cambio en sus padres. Ella ha observado su

100% de sinceridad por más de diez años. Ella ha visto el fruto de esa dedicación y consagración. Ella la quiere. Las reglas no la hubieran persuadido a volverse del mundo. Pero el amor de sus padres por Dios sí lo hizo.

Los hijos generalmente seguirán el espíritu de sus padres. He conocido a unos cuantos jóvenes que heroicamente han decidido ser piadosos y genuinos, a pesar de sus padres; pero esto es la excepción no la regla. El padre no tiene que ser un adicto a la pornografía para que su hijo se involucre en ella. Todo lo que tiene que hacer es sentarse en la iglesia con su brazo alrededor de su esposa y luego llegar a la casa y desatenderla o hacer caso omiso de ella. La madre no tiene que ser una prostituta para que la hija tome ese camino; todo lo que tiene que hacer es manifestar desprecio hacia su marido y desobedecer lo que él le diga. Esta hipocresía comunicará a los hijos que hay dos juegos de leyes en operación en el universo, que son: agradar a la multitud y agradarnos a nosotros mismos. Ellos crecerán pensando que si pueden guardar una apariencia religiosa en la iglesia, lo que suceda en la casa es asunto suyo. Dios obviamente, queda fuera del cuadro para esta familia.

Cualquier cantidad de hipocresía minará la fortaleza moral de tus hijos. Una consistencia absoluta en todos los niveles los fortalecerá y facultará para que sean aún mayores que ustedes. La consistencia comunica que Dios debe ser temido, la inconsistencia comunica que Dios es solamente "para aparentar." Les dice que, "Dios puede ser desconectado."

PAPÁ, ¿ESTÁS MANTENIENDO AFUERA AL MUNDO?

Rebekah Pearl de Anast

El mundo antes se encontraba allá afuera en la periferia de nuestras vidas. Era posible mantenernos encerrados y no ser tocados por esa suciedad de la que a veces oíamos historias y rumores. Para ser adictos a lo pornografía los hombres tenían que ir a una tienda donde vendieran revistas para adultos, entrar a la tienda y comprar la revista a un tipo desagradable con el que nunca quisieras tener nada que ver. Pero ahora, la pornografía irrumpe en nuestra vista en los anuncios espectaculares, en los comerciales y en las páginas Web. Ya sea que la estés buscando o no, ésta te encontrará.

Lo más sorprendente del auge de la pornografía en el Internet no es la gran cantidad de niños que se han involucrado sino la enorme cantidad de personas supuestamente "maduras y responsables" que se han sumergido en ella. Personas que se creían seguras en su propia justicia han caído en la inmoralidad. No Greater Joy recibe cartas de pastores, ancianos y padres que han profesado ser cristianos durante años y que ahora se encuentran atrapados y enredados en la pornografía. No estaban preparados para ser tentados en su propia casa. Nunca aprendieron a plantarse para enfrentar y resistir al Diablo.

Encerrando afuera la maldad no es realmente un acto de justicia. Para cuando los cristianos (y los no cristianos moralmente limpios y estoicos) aprendan a evitar la pornografía en el Internet, el mundo ya habrá introducido alguna otra mayor e insidiosa maldad. ¡La respuesta es algo más agresivo y más fundamental! La respuesta es creer el evangelio, la realidad de tu santificación, y que estás muerto al pecado y vivo para Dios. En este estado de fe adorarás a Dios en Espíritu y no tendrás confianza en la carne. Andarás conforme al Espíritu y no satisfarás los deseos de la carne. Estarás libre del pecado hasta lo más secreto e íntimo de tu ser. Cuando Pablo escribió la carta a los Romanos y le dijo a los creyentes que "por el Espíritu hacéis morir las obras de la carne," no estaba hablando de algunas reglas de la escuela dominical que todos debían de obedecer. Un cristianismo a medio cocer nunca es suficiente para vencer al mundo. Si no estás venciendo el pecado necesitas escuchar la serie de audio casetes de mi Papá titulados "No Peques Más."

Aun las familias más aisladas, enclaustradas y conservadoras serán asaltadas. Dejar fuera la mayor cantidad de maldad posible es la responsabilidad dada por Dios a los padres para con sus hijos, pero nunca te será posible dejar fuera toda la maldad. Además, nunca podrás hacer puros a tus hijos aislando y separando sus circunstancias. Debes entrenar, enseñar y preparar sus mentes para que respondan al Espíritu de Dios.

A LA JUVENTUD (BEKA)

Tú eres el futuro. No voy a decir que no sea difícil esperar a que aparezca tu cónyuge. Porque sí lo es. Me he preguntado millones de veces por qué es que Dios dio a los jóvenes esas hormonas furiosas y poderosas. ¿Por qué mejor no hubiera puesto esa maldición de las hormonas sobre los adultos mayores quienes tienen toda la paciencia y disciplina del mundo? A veces es difícil tan sólo pensar correctamente. Pero si tan sólo supieras qué es lo que te espera… ¡si tan sólo supieras que tan bueno puede ser! Nunca aceptarías un carrito de juguete en vez de un genuino Porsche rojo y brillante.

No prestes atención a las parejas desilusionadas y amargadas que hablan de lo difícil que es el matrimonio, de cómo se esfuerzan por llevarse bien el uno con el otro y de cómo están tratando de hacer que funcione. Si hablan de esa manera, puedes estar seguro de que algo malo hicieron en su pasado y que no tienen idea de lo que es la intención o propósito del matrimonio. Ellos piensan que su producto resquebrajado es como todos los demás matrimonios. Están equivocados. De docenas de matrimonios que conocemos (buenos matrimonios, pero no libres de problemas) sólo sabemos de tres que vienen de pasados de pureza por ambos lados, con ninguno de los cónyuges trayendo al matrimonio remordimientos ni caídas morales. Esos tres matrimonios han sido fantásticos desde el principio.

La Biblia dice: "No os engañéis; Dios no puede ser burlado: pues todo lo que el hombre sembrare, eso también segará" (Gálatas 6:7). Si tú siembras problemas con tu carne antes de casarte, segarás problemas después de casado. Si siembras pureza, ¡ah, sí! ¡Puede ser taaaaaaaaaaan bueno! Creé lo que te decimos (mi esposo y yo): una juventud pura prepara para un matrimonio fantástico, sin remordimientos, lamentaciones, dolores de cabeza ni temores. Ninguno de nosotros tuvo que pensarlo dos veces, ni nunca lo haremos. Convéncete de esto: ¡la espera realmente vale la pena!

Pocas semanas después de haberme casado con Gabe, me dijo algo gracioso. Dijo que una de las cosas que más le agradaban de mí era que yo no era un virgen "accidental." Me dijo que había conocido a muchas muchachas educadas en el hogar de familias conservadoras que eran vírgenes por casualidad. Ellas no habían personalmente tomado esa decisión sino sus papás por ellas. Él dice que no podemos saber cuántas de ellas hubieran perdido su virginidad si hubieran estado bajo diferentes circunstancias y se les hubieran dado más libertades. ¿Tú ya has hecho una decisión al respecto? ¿Haces lo posible por salirte con la tuya dentro de los límites que te imponen tus padres o estás tú personalmente andando conforme al Espíritu de Dios? ¿Cambian tus convicciones dependiendo del grupo de personas con el que estás o realmente sabes quién eres y en Quién has creído?

Aun la universidad cristiana para hijos de misioneros a la que fui en 1992 enseñaba una forma diluida de justicia para el soltero. Discutían para ver si estaba bien o no, salir en citas con personas del sexo opuesto, tomarse de las manos, besarse, las desviaciones sexuales, etc. Todos tenían diferentes estándares. Un día un estudiante sintiéndose frustrado exclamó: "¿Por qué mejor no nos dijo Dios que es lo que deberíamos de hacer? ¿Por qué mejor no nos dio una lista de lo que, sí y de lo que no, podemos hacer?" El profesor no le pudo contestar. En ese tiempo yo tampoco conocía la respuesta. También me sentía como ese alumno. ¿Por qué no podía haber una lista de reglas a seguir? Pero Dios hizo algo todavía mejor, ¡nos dio su Espíritu SANTO!

DE REGRESO CON MICHAEL

Acaban de leer el testimonio personal de mi hija Rebekah. Al escribir esto tengo casi 63 años de edad. Es difícil recordar todas las cosas que hice y la manera en que instruí a mis hijos en cosas espirituales. Pero, apenas ayer, vino a mi casa un muchacho de dieciséis años para trabajar conmigo ese día. Es un buen creyente pero realmente lo conocía poco. Al final el día de trabajo, me di cuenta que había utilizado cada oportunidad que tuve para informalmente influenciar su manera de pensar y cosmovisión. Le di una docena de advertencias desde cómo controlar sus impulsos sexuales hasta la necesidad de cumplir con nuestro deber y no ser perezosos. También le enseñé como levantar adecuadamente un bloque de concreto para no lastimarse la espalda y como hacerle para no lastimarse al trabajar cerca de equipo en movimiento. Hablé de las maldades del azúcar en su dieta y de las maldades del ser deshonesto.

Cuando cometí un error en el trabajo que estábamos haciendo que nos iba a retrasar dos horas más, noté que me estaba observando para ver si me iba a enojar. Mientras estaba pasando yo estaba consciente de que me estaba observando y sabía que mi reacción iba a tener más influencia que todas las palabras que había dicho ese día. Después me di cuenta que había dedicado tanta energía a instruirlo en cosas de la vida como lo había hecho para el trabajo que estábamos haciendo. Nada de esto fue planeado. No estaba siguiendo principios de mentoría. Sólo me relacionaba con él de la manera en que me dictaba mi mente y corazón, de la manera en que me relacionaba con mis hijos mientras crecían. Mi trato con este joven inconscientemente me hizo regresar a ese papel. Reconozco que siento la necesidad y tengo el deseo de ayudar a los jóvenes a que vayan en la dirección correcta. No se trata de "hacer un receso en las actividades rutinarias." La enseñanza es la vida misma.

Me recordó la manera en que educaba a mis hijos cuando iban saliendo de la infancia. No había un momento en el que no estuviera enseñándoles. Toda acción, toda palabra, toda la vida era enseñanza.

CAPÍTULO 6

AMONESTACIÓN BÍBLICA

(Michael Pearl)

¿Qué había de diferente en Abraham para que Dios lo escogiera para ser tanto el progenitor de Israel como padre de todos los creyentes? Como regla general todas las bendiciones de Dios están basadas solamente en su gracia, sin mención alguna de mérito en el hombre. Pero Abraham es una de las raras excepciones. Cuando Dios lo fue a visitar en forma angelical con el anuncio de que su esposa Sara iba a concebir, le dijo al ángel que lo acompañaba: "Porque yo sé que mandará a sus hijos y a su casa después de sí, que guarden el camino de Jehová, haciendo justicia y juicio, para que haga venir Jehová sobre Abraham lo que ha hablado acerca de él" (Génesis 18:19). Dios tenía la confianza de que Abraham transmitiría su fe a sus hijos en las generaciones por venir.

¿Estás plantando tu fe en tus hijos tan profundamente que ellos la pasarán a las siguientes generaciones? Muchos padres se están esforzando por hacerlo pero están fracasando. Porque lo que están tratando de comunicar es religión en vez de vida. La religión de segunda generación es tan inútil como el alimento que ya alguien se comió. La vida es dinámica, auto-sostenible, adaptable, energética, creativa y es libertad al extremo.

La vida nunca descansa. No tiene tiempos inactivos ni fuera de servicio. Nunca puede ponerse en una repisa. La vida no es una serie de conceptos que uno tenga que tener organizados para luego aplicarlos correctamente. La vida surge de lo más interno de nuestro ser; de nuestro espíritu, donde mora el Espíritu Santo. La Biblia dice de Jesús: "En él estaba la vida" (Juan 1:4).

Ha pasado mucho tiempo, me parece, desde que tuvimos niños pequeños y estábamos ocupados en instruirlos y amonestarlos; comunicando vida. Todos los pequeños detalles, algunos los mencionó mi hija, Rebekah y ya se han desvanecido de mi memoria. Pero cuando paso tiempo con jóvenes, la fuente se abre y recuerdo esa fuerza impulsora que era el catalizador para todo lo que comuniqué a mis hijos. Al observarme a mí mismo, me doy cuenta y me veo compelido por un deseo abrasador a moldear a niños en la rectitud y justicia mientras todavía son flexibles. Quiero entrenarlos para que sepan trabajar duro, para que sean seres humanos inteligentes, informados y capaces; quienes amen a Dios y a su prójimo. Estoy consciente del valor de cada momento en sus vidas. Los veo como adultos, como almas eternas que están convirtiéndose en algo, ya sea para bien o para mal, para la eternidad. Debo de hacer lo que pueda para dirigir sus corazones en la dirección correcta. Debo hacerlo ahora, pues este momento es más valioso que todos los demás que ya han pasado y es el fundamento para todos los momentos futuros. Ese preciso minuto puede ser un punto de cambio de dirección en la vida del muchacho. Ahora es el tiempo. No mañana. Debo invertirme a mí mismo en ellos. No puede ser de otra manera. De todas las cosas en la vida que demandan mi atención, ¿qué puede ser más importante?

Debo confesar que no sé cómo amonestarte a ti para que busques ese mismo fin. El otro día un hombre me dijo que no amaba a su quinto hijo, que no es más que un niño pequeño. No sabía qué decir. ¿Cómo se le dice a un hombre que se preocupe o interese profundamente? Siento la misma impotencia al tratar de decirte a ti, cómo debes sentirte respecto de amonestar a tus hijos. La religión puede hacer actos de amor, pero únicamente la vida ama todo el tiempo, en los tiempos buenos y en los tiempos malos; cuando la otra persona es adorable y cuando no lo es. Solamente la vida se incita a sí misma en medio de huesos fatigados y el clamor de los deberes diarios para invertirse a sí misma en el desarrollo de niños. Tomo a Jesús como modelo, quien reprendió a sus discípulos cuando trataron de impedir que los niños vinieran a él para "molestarle." Yo no puedo hacer menos.

Dios reveló a Israel que la gran necesidad de la familia era "volver el corazón de los padres hacia los hijos, y el corazón de los hijos hacia los padres, no sea que yo venga y hiera la tierra con maldición" (Malaquías 4:6). Ese era el ministerio de Juan el Bautista. También será el ministerio de los dos testigos durante la Gran Tribulación. Es para siempre la necesidad de la familia, hacer volver el corazón de los padres hacia los hijos, que resultará en el corazón de los hijos volviéndose a los padres. Cuando los padres tienen el corazón de sus hijos, los hijos no abandonarán el barco.

DOCTRINA BÍBLICA

No sé como volver tu corazón hacia tus hijos, pero al reflexionar en este tema, pienso que la cosa que volvió mi corazón en esa dirección fue la percepción consciente de la eternidad. El conocimiento de la Biblia (de Dios) imparte una percepción precisa de la realidad. Pienso que los corazones fríos pueden ser avivados y que la indiferencia puede convertirse en fervor apasionado cuando uno está inmerso en el conocimiento de la Biblia. No estoy hablando de catecismos ni teología dogmática sino de un conocimiento sencillo de las historias de la Biblia desde Génesis hasta Apocalipsis. Un conocimiento que ve a Dios obrando en la historia, entonces y ahora.

Andar conforme al Espíritu y no conforme a la carne es el fundamento para ser padres sólidos y acertados. Un padre que continuamente adora a Dios tendrá el corazón de sus hijos. No me refiero a andar caminando por la casa en un estado de trance piadoso sino a continuamente estar apreciando la gloria de Dios y sujetándose a su voluntad en todas las cosas. La adoración no es algo

que se hace una vez a la semana con fondo musical en un auditorio
a media luz y guiado por un grupo profesional de estimuladores
de almas. Adoración es lo que hace un albañil cuando le da gracias
a Dios por la fuerza de sus manos. Adoración es lo que hace un
contador público en medio de un embotellamiento vehicular
cuando recuerda el capítulo 66 de Isaías y sonríe a sí mismo en
anticipación a contemplar esa realidad algún día. Adoración es
salir un momento al aire libre y sentir el soplo de Dios en tu rostro
y escuchar a los árboles aplaudir con sus ramas sus alabanzas a
Dios. Adoración es estar agradecido por las misericordias de Dios
y accesar su gracia diariamente. Un adorador de Dios hablará de
Él a los pecadores y a toda persona necesitada.

El padre que ha vuelto su corazón a Dios, hará volver ese
mismo corazón hacia sus hijos.

El hijo o la hija de un adorador de Dios, se convertirá en
adorador de Dios también.

ENSEÑANDO LA BIBLIA A TUS HIJOS

Yo sé que probablemente podrás señalar a una o dos familias
que enseñaron la Biblia a sus hijos, y sus hijos de cualquier manera
abandonaron el barco. Detesto sonar como la sirena de las fábricas
que deja escuchar su chillido estridente todos los sábados a las doce
horas en punto como sucede en nuestro pueblo. Pero debo decirlo
de nuevo, hay una gran diferencia entre enseñar la Biblia como un
libro de religión y enseñarla como verdad histórica. La religión
es el sustituto de Satanás para la vida. La enseñanza religiosa es
la alternativa del Diablo al conocimiento personal de Dios. El
conocimiento de la teología dogmática es el substituto de conocer
la voluntad y el camino de Dios en la vida diaria de la persona.

Son muchos los padres religiosos que utilizan la Biblia en
contra de sus hijos como medio de intimidación para hacerlos
"buenos" niños. Otros la utilizan como un recurso del cual
pueden obtener principios sólidos que al aplicarlos los guiarán

a una vida de éxitos y de felicidad. Esto no es otra cosa que humanismo disfrazado con vestimenta religiosa. Otros la utilizan como inspiración para fortalecerse a sí mismos, como vitaminas psicológicas. Todavía otros la leen como leen la poesía o refranes de sabiduría, como si fuera Cervantes, Shakespeare o Tennyson. Podría continuar con más ejemplos, pues hay miles de maneras que hacen que la Biblia quede débil e impotente.

El uso correcto de la Biblia es de leerla como historia. Obviamente, la manera en que uno la considera al leerla hace una diferencia muy importante. Uno puede ser inspirado por una historia de ficción que celebra la valentía o el triunfo. Uno puede encontrar aliento y dirección a través de cualquier libro de proverbios sabios o dichos psicológicos correctos, pero solamente la historia es realidad; una guía para nuestro futuro. La Biblia es un libro escrito por Dios. Es Su relato de la historia, Su historia. Revela la naturaleza y voluntad de Dios por medio de relatos históricos sencillos. La Biblia no se trata de "Dios hablándome a mí" en este momento. Es acerca de Dios dándose a conocer en el escenario de la historia humana.

REVELACIÓN CRONOLÓGICA

¿Por qué se esperó Dios 4,000 años después de la caída de Adán para enviar a Cristo al mundo? ¿Por qué se tomó tanto tiempo con Abraham, Moisés y el pueblo de Israel? Porque el hombre solamente puede entender a Dios en la historia, en los acontecimientos. Para entender quién es Dios, se requirieron 4,000 años de Dios relacionándose con el hombre acerca del bien y del mal, en sus bendiciones y en sus maldiciones, dándoles a conocer la ley y sus consecuencias cuando fuera violada. Dios dejó muy en claro quién es Él cuando destruyó el mundo en los días de Noé y también cuando destruyó a los sodomitas con fuego. Vemos un plan maravilloso de Dios en sus promesas y bendiciones a Abraham y a sus descendientes. Sus profecías establecen de una manera contundente que Él es omnipotente y que controla el calendario mismo de los eventos hasta el tiempo del fin. La ley nos dice que Dios es de "mente cerrada" e intolerante respecto al pecado y a la justificación. Los sacrificios nos indican que hay perdón, pero solamente por medio de la substitución y la expiación. "Pero cuando vino el cumplimiento del tiempo, Dios envió a su Hijo, nacido de mujer y nacido bajo la ley, para que redimiese a los que estaban bajo la ley, a fin de que recibiésemos la adopción de hijos" (Gálatas 4:4-5). Ese "cumplimiento del tiempo" fueron 4,000 años de historia.

Dios narró Su historia, en la historia. No en principios y conceptos, sino en hechos históricos. Hoy aprendemos de Dios de la misma manera que aprendían los judíos, relatando la historia. Para ser breve, Dios te ha dado una manera muy sencilla para que puedas familiarizar a tus hijos con Dios. Léeles a tus hijos la Biblia. Cuenta las historias una y otra vez. "¿A quién se enseñará ciencia, o a quién se hará entender doctrina? ¿A los destetados? ¿A los arrancados de los pechos? Porque mandamiento tras mandamiento, mandato sobre mandato, renglón tras renglón, línea sobre línea, un poquito allí, otro poquito allá" (Isaías 28:9-10). Comienza a contarles las historias de la Biblia cuando todavía están en la edad de la lactancia.

No caigas en la trampa de contar únicamente las versiones para niños de las historias de David y Goliat o de Jonás y el gran pez. Nunca cuentes las historias de la Biblia con liviandad como si estuvieras hablando de Santa Claus. Si lo que quieres es entretenerlos con tonterías, mejor cómprales un libro de animales que hablan. Una buena prueba para saber si una historia de la Biblia es adecuada para niños o no, es preguntarse uno mismo si esa historia todavía es significativa para nosotros. Si tomamos una historia de la Biblia y la sacamos demasiado de su contexto al grado de que solamente es una historia bonita, entonces estamos denigrando la Palabra de Dios. No dependas de las historias principales que vienen destacadas en los libros de lecturas Bíblicas.

Lee toda la Biblia de pasta a pasta, y diles lo que estás leyendo. No te esperes al tiempo "devocional". Es mucho mejor contar las historias durante tu rutina diaria conforme son adecuadas a lo que está ocurriendo en el momento. Para cuando tus hijos tengan diez años de edad, ya deben conocer el tema básico de toda la Biblia desde el principio hasta el fin.

Pablo revela la manera en que deben usarse las historias Bíblicas cuando se dirigió a los corintios: "Ni murmuréis, como algunos de ellos murmuraron, y perecieron por el destructor. Y estas cosas les acontecieron como ejemplo, y están escritas para amonestarnos a nosotros, a quienes han alcanzado los fines de los siglos" (1 Corintios 10:10-11). Al instruirles acerca de no murmurar (quejarse), les recordó cómo Dios trajo juicio sobre Israel por sus continuas quejas. Enseguida nos dice que estas cosas fueron escritas como una manera de instruirnos en la voluntad de Dios.

Cuando tú y tus hijos estén bastante familiarizados con las historias de la Biblia, podrás instruirles en cuestión de segundos simplemente haciendo referencia a uno de esos eventos históricos. "Niños recuerden lo que pasó con el pueblo de Israel cuando cometieron fornicación: Dios mató a tres mil de ellos en un solo día." Uno de mis favoritos era: "Niños, tengan cuidado de lo que comen, acuérdense de como el Zurdo mató al Gordo; el cuchillo entró hasta la empuñadura, y los sirvientes ni cuenta se dieron que había sido acuchillado." Estás desperdiciando un mundo de riqueza y sabiduría —4,000 años de historia— si tu familia no está familiarizada con las historias de la Biblia.

La Biblia es clara, "El principio de la sabiduría es el temor de Jehová" (Salmos 111:10). También, "El temor de Jehová es para vida" (Proverbios 19:23). Muchas otras grandes virtudes son atribuidas al temor a Dios. El inculcar un temor a Dios sano en nuestros hijos es un don precioso. Eso sólo puede lograrse una de dos maneras. Una es experimentando o siendo testigos en sus propias vidas de grandes juicios de Dios. La otra es que lean en la Biblia acerca de esos juicios y que lo crean. Nosotros nos aseguramos de que nuestros hijos lo aprendieran de las dos maneras. Hablábamos con frecuencia de las historias de la Biblia y comentábamos los juicios que venían sobre personas que ellos conocían. Ellos vieron a personas que profesaban ser cristianos desobedecer a Dios y sufrir grandes escarmientos. Tomamos cuanta oportunidad podíamos para hacerles ver que Dios estaba obrando en nuestras propias vidas y en las vidas de personas a nuestro alrededor. Dios casi me mató en una ocasión por desobedecerle. Cuando por fin pude hacerlo, hable públicamente de ello, y me aseguré que todos supieran que eso me había sucedido como disciplina de Dios casi hasta la muerte. Aumentó mi temor de Dios y el de ellos también.

"El temor de Jehová es para vida." La Biblia es una manera mucho más fácil de aprender el temor de Dios. Es un don de Dios, el único registro de Su obra en 4,000 años de la historia humana.

CAPÍTULO 7

QUÉ HACER CUANDO TU IIIJO YA HA ABANDONADO EL BARCO

Hoy en día, los hijos se están "divorciando" de los padres: abandonan el hogar antes de tiempo, rechazan la autoridad y dan la espalda a la cultura de sus padres. Lo hemos estado llamando "abandonando el barco" pero "divorciando" es más exacto. El divorcio produce, por un lado, dudas en uno mismo y, por otro lado, imputación de culpa. Echar a otros la culpa generalmente prevalece; es más cómodo así.

Nunca te imaginaste que llegaría a esto. Cuando tu hijo tenía unos diez años, notaste que no parecía disfrutar de tu presencia. Le eras una fuente de irritación. Era como si quisiera decirte algo pero nunca lo decía. Se daba la vuelta en frustración y buscaba amistades fuera del hogar. De vez en cuando, explotaba con enojo, por alguna cosa y te echaba a ti la culpa. Recuerdas que dijo, "¡Es que no entiendes!" Lo decía con una entonación de acusación. Pudo haber llegado al grado de acusarte de que él no te importaba. Pensabas que era una etapa nada más, y que pronto la superaría, pero sólo se fue hundiendo más profundamente en su soledad. Luego un día, cuando ya estaba grande y tenía algo de recursos, simplemente se fue. Hubo enojo, las palabras se dispararon como balas. Las acusaciones cayeron como bombas y se convirtió en una guerra verbal de venganza, y durante todo ese tiempo no podías creer que realmente estaba pasando. Pero sucedió. Y conociste el fracaso como nunca antes lo habías conocido. He conocido a padres que, tras perder a su primer hijo, simplemente se dieron por vencidos con el resto de la familia, y todos se fragmentaron y se desbarataron como un avión que perdió sus alas.

Ahora vamos a hablar de lo que debes hacer si tu hijo ya ha abandonado el barco. ¿Cómo debes responder? ¿Será demasiado tarde? ¿Se habrá perdido todo, o aún queda esperanza, aún hay alguna manera de recuperarlo? En cada conflicto humano, dos tercios de una respuesta correcta consisten en no hacer lo que no debes. Si nosotros los humanos simplemente pudiéramos apagarnos como una máquina, para no hacer nada, ya habríamos avanzado dos terceras partes en el camino hacia la recuperación. Lo más probable, es que fue tu boca la que cavó este pozo en un principio, y te advierto que puede ser tu boca la que ahora lance tierra inmunda al rostro de tu hijo alejado. Si no controlas tu lengua, tu religión es vana (Santiago 1:26), porque la lengua es un fuego que es encendido por el mismo infierno (Santiago 3:5-6). La misma boca no puede alabar a Dios en la iglesia y maldecir a tu hijo en el hogar (Santiago 3:10).

No hay nada que nos provoca a ira más rápidamente que cuando nuestros "fracasos" nos contestan contradiciéndonos. Reconozcámoslo. Es tu propia pérdida que causa tu enojo–tu pérdida de paz, pérdida de control, pérdida de prestigio y respeto, pérdida de tu vida "perfecta". "¿Cómo pudiste hacerme esto, a MÍ, después de todo lo que he hecho por ti?" Echándole la culpa.

Como pecadores, tendemos a responder a la crítica y al rechazo con ira. Lo tomamos como un ataque inmerecido sobre nosotros. Pensamos: ¡Pelea! ¡Defiende tus derechos! ¡PUM! Tú me lastimas y yo te voy a lastimar más. ¡Me las vas a pagar! Regresarás arrastrándote y rogándome que te perdone. "Yo, su majestad, esperaré tu humilde disculpa y entonces, tal vez, se apaciguará mi ira. El infierno se ha ensanchado. El sólo recordar que somos humanos, hijos de Adán, nos debe humillar. El orgullo es el combustible del fuego infernal, y cada uno de nosotros es una fuente ilimitada de combustión.

Es culpa del muchacho, ¿verdad? Cuidado con las acusaciones. Son el primer refugio del culpable. Las acusaciones son el fin de la creatividad. Es una calle sin salida, que es transitada solamente por el placer oscuro y solitario que da. Cuando acusas, estás rechazando la esperanza de mejorar las cosas, porque pones toda la responsabilidad en una persona sobre la cual admites que no tienes ningún control. El echar la culpa te permite jugar a ser Dios por un momento, un dios con prejuicios que se sienta a juzgar sin misericordia. A Satanás le encanta el espíritu de acusación. Viene en una nube oscura que no permite misericordia y rehúsa entender el fondo de las cosas. La acusación es una visión de mente cerrada, que excluye cualquier perspectiva positiva y amplifica la culpa hasta el nivel criminal. La acusación es una forma de hervir la desilusión hasta que se convierta en un odio espeso. La acusación es la consolación del diablo y su toque final sobre todo el pecado y fracaso humano. Si uno va por ese camino, regresará sin nada más que amargura y la satisfacción de saber que "no era culpa suya". Pero el fin será el mismo, sin importar de quién era la culpa.

Sucedió ante tus ojos. Tu hijo no llegó al mundo enojado y quebrantado emocionalmente. Hasta ahora, todo lo que he hecho, ha sido informarte que todas tus respuestas solamente han empeorado el problema. No ha sido para castigarte, sino para hacerte dejar las acusaciones. El primer paso hacia la recuperación de tu hijo debe ser que pongas tu corazón bien con Dios. Quiero que dejes de cavar el hoyo más y más hondo. He estado actuando como profeta, llamándote al arrepentimiento. Es el único punto de partida.

Tienes que llegar a ser lo que esperas que tu hijo llegue a ser, si lo has de traer al arrepentimiento. Tienes que ser una persona de gozo, paz y amor. Tienes que conocer a Dios y amarle. Tienes que ser disciplinado y santo en tu propia vida personal. Tienes que cuidar tu matrimonio para que llegue a ser la envidia de todos los que te conocen bien.

REGLA NO. 1: ACEPTA LA DECISIÓN DE TU HIJO DE DIVORCIARSE DE TI.

Está hecho. No hay marcha atrás. Deja de tratar a tu hijo como si fuera un niño a quien puedes intimidar. Nunca jamás lo vuelvas a acusar o culpar. Nunca menciones que estás herido. Pórtate como si su salida fuera un suceso natural que contaba con tu aprobación. Esto será imposible para ti si guardas resentimiento, un deseo de lastimar o de castigar. Cuando tu corazón de verdad esté puesto en el futuro, en buscar lo mejor bajo las circunstancias presentes, dejarás en paz todo el pasado y te relacionarás con tu hijo como si fuera un chico solitario y necesitado que acabas de conocer, y que te sientes conmovido a traer esperanza y gozo a su vida. Si no superas tus propios sentimientos y tu propia justificación, eventualmente soltarás alguna palabra de amargura o de acusación, y cuando eso suceda él se sacudirá de ti como se sacude el lodo de las manos. Este es el lugar de inicio para cualquier recuperación que todavía pueda ser posible. Tu hijo no es un hijo pródigo. ¡Tú has sido un padre pródigo! Así que olvida cualquier plática en la que vayas a decir que él tiene la culpa, pues si no lo haces estarás sumergiendo tu fracaso como padre en concreto.

REGLA NO. 2: OLVÍDATE DE TUS CONCEPTOS DE DERECHOS PATERNOS Y AUTORIDAD.

No exijas que regrese y se sujete a una relación de padre e hijo. Acepta el hecho de que ahora tendrás que ganarte el derecho de participar en algún aspecto de su vida, y solamente por su invitación. Así como te acercarías a un compañero de trabajo en quien percibes que ha sido lastimado y herido por la vida, con todo respeto y paciencia, así tienes que acercarte a tu hijo. No pienses en términos de que va a perder la compostura y derrumbarse y va a regresar a ti como tu hijito pequeño, admitiendo sus culpas y faltas, rogándote que le aconsejes y poniendo en tus manos su vida arruinada. Jamás pasará.

Hasta ahora, hemos mencionado tan sólo dos reglas y para muchos padres heridos ya son demasiadas. Estás queriendo alegar y discutir conmigo. No tiene caso que sigas adelante si primero no entiendes y aceptas estás primeras dos reglas.

REGLA NO. 3: ORA POR TU HIJO.

Ora por él desde la perspectiva de Dios hasta que se quiebre tu corazón. Cuando lo veas como una gloria potencial para Dios y cuando tus oraciones ya no se traten de tu propia situación, de tus sentimientos y heridas, entonces Dios tendrá la libertad para comenzar a moverse en la vida de tu hijo.

Tus oraciones se malgastarán si estás esperando recuperar tu pérdida personal o si esperas que se repare tu vida. No podrás orar realmente sino hasta que todo enojo, ambición y culpa se hayan ido, porque solamente estarías orando para "gastar en vuestros deleites."

REGLA NO. 4: MANTÉN CONTACTO CON TU HIJO, A UNA DISTANCIA QUE NO LO ASFIXIE.

Se sensible a las señales que da. Puede ser que se requiera de un período de enfriamiento antes de que decida admitirte de nuevo en su círculo. Si ha sido muy herido, quizá trate de cortar todo contacto contigo. Si así sucede, tendrás que comunicar de alguna forma que no lo estás acusando y que no te le vas a montar encima, tendrás que persuadirlo de que vas a respetar su decisión de divorciarse de la familia. Una vez que pase una hora contigo y descubra que las cosas han cambiado, que estás relajado, que has dejado de portarte como juez, perderá algo de su aprensión y recelo. Cuando el tiempo sea correcto, invítale a una excursión familiar o a cenar. No lo fastidies a cada rato con: "tienes que ir a la iglesia." No le hizo mucha diferencia en los diecisiete años anteriores que vivió en la casa. ¿Por qué le importará ahora? Guarda tus labios, muérdete la lengua y ora que Dios cambie completamente tu corazón respecto a este hijo, porque si tu corazón no está bien, tu boca encontrará la manera de soltar por ahí alguna acusación o expresión de haber sido lastimado. Y si eso sucede, tu hijo no se quedará en tu casa lo suficiente siquiera para decir "hasta luego."

REGLA NO. 5: OFRECE TU AYUDA CUANDO SEA APROPIADO.

Tienes que pedirle a Dios mucha sabiduría. Pues no quieres apoyar un estilo de vida decadente ni facilitar la irresponsabilidad, pero querrás ofrecer cualquier tipo de ayuda que le conduzca a una vida responsable. Al principio, cuando tengan poco o nada de contacto, cuando todavía les vea con desconfianza, pueden ofrecer lavar su ropa o ayudarle con la despensa, o prestarle sartenes y ollas, o ayudarle a conseguir muebles usados. Toda la familia podría ofrecerse para ir a pintar su departamento. Cualquier gesto que indique tu buena voluntad cubrirá multitud de pecados y resentimientos. No quieres protegerle de las realidades de la independencia, pero tampoco quieres que sea abrumado por las responsabilidades hasta el punto de fracasar y darse por vencido. Quizá pienses que las circunstancias duras le forzarán a rogar volver a casa. ¡Cuidado! Él detectará esa actitud. Si se le fuerza a volver a casa como un fracaso, nada se habrá logrado en cuanto a mejorar las relaciones. Si le puedes ayudar a tener éxito, la comunión que viene por alcanzar un logro puede sanar la relación a tal grado, que puede ser que quiera regresar a casa en unas semanas o meses. Pero recuerda que tu meta no es que regrese a casa para demostrar que tú tenías la razón y que él estaba mal. Tu meta es ver a un hombre joven convertido en un varón de Dios contento y exitoso. Probablemente te darás cuenta de que se llevarán mejor si él no vive en tu casa. Puede ser que sea mejor para él mantenerse independiente. Es más fácil que muchas personas nos caigan bien desde lejos. Y esto funciona en ambas direcciones.

REGLA NO. 6: CULTIVA LA COMUNIÓN CON TU HIJO PRÓDIGO.

Lee la parábola del Hijo Pródigo en Lucas 17. Es un retrato tan hermoso del tipo de corazón que necesitas tener para con tu hijo. Si descubres que te pareces más al hermano mayor, no esperes que regrese a casa el pródigo. Disfrutamos comunión con las personas con las cuales podemos confiarles información o conocimiento acerca de nosotros. El tener comunión nos pone en una posición de vulnerabilidad. Cuando te interesas o preocupas por los demás, y el interés se convierte en un dar y llevar las cargas de los otros, entonces hay comunión.

La falta de comunión fue el motivo primordial que obligó a tu hijo a salir. Si no estás de acuerdo con esta declaración, entonces no te has arrepentido. Todavía estás acusando. No le vas a caer bien a tu hijo ahora, como tampoco le simpatizabas entonces, cuando huyo de la fealdad de su relación contigo. Si tú eres como lo que yo he descrito, entonces a mí tampoco me simpatizas. Probablemente tampoco le simpatizas a tu esposa. ¿Y qué de tus demás hijos? Ya perdiste a uno. ¿Qué has cambiado para impedir que se vayan los demás? Así que te cambiaste de iglesia para librarte de la influencia de las malas compañías. Te deshiciste de la televisión y de los videojuegos. Te has disciplinado y te estás asegurando que los demás hijos entiendan lo que es la responsabilidad. Pero espero que no estés recriminando ni hablando mal de tu hijo pródigo delante de sus hermanos menores, pensando que tendrán miedo de escoger la senda que él tomó. Espero que no estés irrumpiendo por la casa cerrando puertas con llave como un hombre que acaba de descubrir que le han robado, pasando reglas nuevas y desfogando su ira. Si esto es lo que estás haciendo, diles "adiós" a los demás hijos. Tu hijo pródigo los querrá "rescatar" de tus manos lo más pronto posible.

Esto puede seguir siendo un misterio para ti, un desorden grande y enigmático, pero para mí es predecible. Puedo ver a través de tu falsedad, y eso que no soy muy inteligente. Necesitas amar a Dios hasta el punto en el cual irrumpes en cantos de alabanzas a Él. Necesitas andar en el Espíritu, para que no satisfacer los deseos de la carne. Necesitas convertirte en un ser humano que sea atractivo. Todos son atraídos al gozo y a la creatividad. Tienes que ser amable, afectuoso, de corazón tierno, perdonando a otros. Tienes que ser misericordioso y paciente. Tienes que ser conocido como persona con disciplina y dominio propio.

No puedes gozar del fruto dulce de la vida, si no siembras las semillas correctas. El fruto cristiano viene de un árbol cristiano, ¡de Cristo! Solamente el Espíritu Santo puede producir fruto del Espíritu. No estoy siendo religioso. No estoy mencionando estas amonestaciones simplemente para darle un sabor espiritual y piadoso a mi exhortación. Una vida llena del Espíritu es la ÚNICA protección contra el abandono del barco y el divorcio.

Una manera de calibrar tu espiritualidad es bajando enseñanza bíblica gratuita de nuestro sitio web. Debes escuchar toda la serie sobre Romanos. No te estoy vendiendo nada. ¡Es GRATIS! Hemos recibido miles de cartas que expresan el gozo y victoria que la gente encuentra a través de la Palabra de Dios. Al pensar en tu regocijo en Cristo Jesús me empiezas a simpatizar. Hará lo mismo por tu hijo pródigo.

UNA HISTORIA DE ÉXITO

Hace varios años un padre me pidió consejo debido a las condiciones desastrosas de su hogar. Su joven adolescente era rebelde y de mal carácter y esas actitudes las estaba contagiando a sus hermanos menores. El padre sabía que su hijo se iría de la casa tan pronto y pudiera ganar lo suficiente para sobrevivir por sí mismo. El muchacho no quería reconciliarse y resistía todas las propuestas para hablar del asunto. Actuaba como si fuera culpa de sus padres, pero nunca decía nada en específico. Sus respuestas cortas y groseras solamente revelaban un corazón herido y enojado.

"¿Qué hago?" me preguntó el papá.

Le respondí, "No se trata de hacer sino de ser; de ser el tipo de ser humano que tu hijo pueda respetar." El padre, sin vacilar, admitió que "gran" parte del problema era culpa suya, así que estaba listo para recibir consejo y "HACER" algo para sanar la relación.

Le dije que fuera a casa y le informara a su hijo que había descubierto, que había fracasado como persona y también como padre, y que la causa de sus malas actitudes se debían a que tiene un padre pésimo. Dile al muchacho que ya sabes que es muy tarde para cambiar muchas de las cosas con respecto a él pero que tú no quieres que esa misma infelicidad continúe en sus hermanos menores. Dile que necesitas su ayuda. Dale una hoja de papel y pídele que anote por lo menos cinco cosas que papá y mamá pudieron haber hecho diferente que hubiera hecho la vida en el hogar más placentera para los niños.

No te sorprendas si te hace a un lado o no te toma en serio y rehúsa cooperar. Necesitas verlo desde su perspectiva. ¿Alguna vez has tenido alguna plática con él sobre este tipo de temas que no haya terminado con mayores malentendidos y enojo? Él piensa que estás tratando de ponerlo en una posición vulnerable para luego atacarlo de nuevo. Él no va a querer extender su mano emocional, únicamente para volver a recibir un manotazo. No esperes una participación inmediata, pues él no tiene ninguna esperanza. Así que tendrás que darle un rayo de esperanza. No culpes ni acuses. Durante los siguientes días demuestra ser una persona diferente. Una persona amable, auto-disciplinada, paciente, misericordiosa y comprensiva. Ama a tu esposa. Crea una vida envidiable. Disfruta a los demás niños. Habla de tu arrepentimiento con tus amigos. Da a conocer que eres un pecador arrepentido, buscando ser un verdadero cristiano.

Más te vale que no estés fingiendo. Tu hijo es un buen psicólogo. Él te conoce mejor de lo que tú te conoces a ti mismo porque tu ego te engaña. Demuestra que eres un hombre nuevo y da a tu hijo la esperanza de también ser un hijo nuevo. Si tu hijo no respondió favorablemente a tu primera petición, espérate unos días o hasta dos semanas y luego vuelve a pedirle que escriba esas cosas que necesitas cambiar para evitar que sus demás hermanos tengan esa misma amargura que él siente. Dile que no vas a leer sus respuestas en su presencia y que tampoco vas a regresar para argumentar o cuestionarlo por alguna de sus respuestas. Él esperará que te defiendas y que uses sus respuestas para atacarlo o recriminarlo. Dile que le vas a llevar sus respuestas a Dios y que no las piensas discutir con él. Asegúrale que no hay respuestas "equivocadas." Lo que él siente, ya sea que esté justificado o no, es la realidad, su realidad, la única realidad importante en lo que concierne a tu hijo.

Cuando hayas probado que has cambiado, y él comience a confiar parcialmente en ti y cuando él comience a vislumbrar un rayito de esperanza, entonces escribirá en esa hoja sus verdaderos sentimientos. Haz con esa lista lo que dijiste que ibas a hacer. Lleva esas respuestas a Dios y pídele que te revele la condición de tu corazón, y que te cambie de adentro hacia fuera. Tu hijo te observará con vista de halcón para ver cual va a ser el impacto o las consecuencias.

¿Qué es lo que esperas que escriba? ¿Qué crees que dirá? Hace como diez años, como parte de la preparación para una conferencia grande en el área de Dallas - Fort Worth, mandé por delante un cuestionario al pastor que organizaba el evento, para los cientos de jóvenes educados en el hogar que estarían asistiendo. Primero preguntamos a los niños y jóvenes: "¿Estás satisfecho con la vida en el hogar, estás contento o hay cosas en tu hogar que quisieras cambiar?" Solamente una o dos de las encuestas decían que no había nada que cambiar. Enseguida pedimos a los chicos que respondieron que no estaban contentos, que anotaran tres cosas, que si cambiaban, los haría estar contentos en su hogar. Nos sorprendimos al percatarnos que casi todos compartían la misma perspectiva en su primera respuesta. De una manera o de otra lo que decían era:

"Si tan solo Papá y Mamá se amarán el uno al otro...o no estuvieran peleando todo el tiempo."

Una segunda respuesta también sobresaliente fue: "Si tan sólo Papá no se enojara tanto."

Algunos dijeron: "Si tan sólo mis papás no fueran tan hipócritas."

Casi ninguno de los que respondieron anotó cosas frívolas o auto-centradas.

Ahora, sabiendo lo que te espera, ¿todavía estás dispuesto a pedirle a tu hijo adolescente que te critique? ¿Has sido humillado lo suficiente por tu fracaso para creer sus respuestas? ¿Estás dispuesto a someter toda tu vida a Dios y a experimentar un avivamiento completo de amor y discipulado con Jesús?

Permíteme decirlo una vez más, tu vida no puede ser segmentada ni partida. No puedes ser un buen padre o madre y a la misma vez, ser un mal esposo o esposa. No puedes ser un hombre de familia exitoso mientras practicas pecados secretos. Tus pecados en cualquier área "te alcanzarán" y verás su horrible fruto en tus hijos. Tú eres una persona, una persona completa y necesitas volver tu vida entera completamente a Dios. Si solamente das a Dios la mitad, tus hijos recibirán solamente la mitad; la peor mitad.

Bueno, el hombre que se acercó conmigo para preguntarme acerca de su hijo descarriado regresó a su casa y eventualmente logró la cooperación de su hijo para hacer la lista. El padre experimentó un avivamiento interior, y el hijo llegó a respetar a su padre y madre en su renovada relación. La familia entera experimentó sanidad y crecimiento espiritual. Nosotros aquí en No Greater Joy hemos recibido miles de cartas de padres felices que han visto sus cenizas convertirse en ríos de gozo.

¿Cuándo es demasiado tarde? Si tienes ochenta años de edad y tu hijo sesenta, no es demasiado tarde para recuperar el respeto. Los mismos pasos siguen siendo necesarios. Los corazones son los mismos a cualquier edad.

Muchos de ustedes, mis lectores, ya se están preparando para escribirme una carta porque piensan que sus circunstancias especiales no fueron cubiertas en este material. No envíen esa carta hasta que me puedan decir que están cantando y regocijándose en Cristo Jesús, y que están disfrutando a su cónyuge en una vida de agradecimiento y adoración. Esa clase de vida hará que cualquier joven que haya abandonado el barco se regrese nadando a tu barco y pida que se le permita enrolarse por el resto de la travesía.

GABRIEL ANAST *(yerno de Michael Pearl)* HABLA A LOS JÓVENES

Dios fue específico. La palabra "fornicación" en las Escrituras se refiere a la actividad sexual fuera de los confines del matrimonio. Esto significa, cualquier actividad o pensamiento que se persigue para obtener placer sexual. Esta ley de Dios permite diferentes estándares para diferentes personas. Un muchacho de trece años de edad no podrá mirar o hacer cosas que una señora de sesenta años puede, con una limpia consciencia.

Las euforias sexuales son para ser disfrutadas por un hombre y una mujer en un contexto sagrado y libre de la intrusión de otras personas. Pero para que el matrimonio sea santo, las personas que se casan también deben ser santas.

Imaginen a una pareja en sus vestimentas de boda de pie frente al altar. Ambos anduvieron durmiendo por aquí y por allá, y más recientemente el uno con el otro. ¿Qué podrá el "santo enlace del matrimonio" significar para ellos? ¿Qué acto de placer privilegiado van a recibir ahora que se casaron? Lo que pudo haber sido ha sido echado a perder y ya no lo es más. Tienen los mismos bienes robados que tomaron antes de hacer los votos matrimoniales, a eso añaden dudas, desconfianza y un fastidioso sentido de descontento y vergüenza. No hay júbilo ni gozo en el don perfecto de la unión física. No hay ningún don, solamente hay bienes robados y echados a perder.

El sexo no es solamente un acto placentero de procreación. Es un acto de gentileza, bondad, ternura y generosidad. Para la mujer, es como un acto de adoración; para el hombre, es un acto de gozo en las bendiciones y dones de su esposa. Esa euforia es justa, gloriosa y pura. Dios nos dio esos sentimientos y placeres intensos como un don para ser disfrutado. También nos dio límites para proteger ese regalo, límites para asegurar un máximo deleite y libertad, y límites para evitar sentimientos de culpa, remordimiento, vergüenza, y, a la postre, la destrucción de ese don. Cuando el límite de pureza sexual antes del matrimonio es desacatado y violado, el disfrute del don es disminuido y corrompido. La violación continua de esos límites de seguridad eventualmente reemplazará todo goce con vergüenza y temor. Muchas parejas se casan y luego descubren que uno de los cónyuges o ambos están arruinados en el área del placer y deleite por causa de haber violado los límites en el pasado. Dios, en su amor y misericordia, puede reparar las piezas rotas pero… ah, ¡el placer de entrar al matrimonio sin piezas rotas por reparar!

Tal vez tus padres tienen un matrimonio que admiras y deseas para ti mismo, pero tal vez no lo tienen. Si están trabajando a pesar de los errores cometidos en el pasado y están produciendo buenos resultados, por lo menos diría que sus esfuerzos son admirables. Quisiera que más parejas tuvieran esa fortaleza y determinación. Pero no tomes su ejemplo, ya sea bueno o malo, y aspires a lo mismo. ¡Apunta a ejemplos más arriba, mejores, más puros y más gloriosos! Toma la decisión dentro de ti de mantenerte puro para el cónyuge que Dios está preparando para ti. Hay personas que necesitan una lista de reglas de qué hacer y qué no hacer, pero el estándar más alto fluye de un amor sincero a Dios. Él te mostrará por medio de su Espíritu y de tu propia consciencia donde trazar l a línea limítrofe. Necesitas creer que realmente vale la pena. Proponte llegar virgen al matrimonio, por decisión propia.

GABE ACERCA DE COMO SALVAGUARDAR TU COMPUTADORA

En un ambiente de educación en el hogar donde los muchachos saben más que tú acerca de la computadota, tú (no el hijo del vecino ni tu hijo más listo, sino TÚ) necesitas tomar el control y educarte a ti mismo. Pornografía de la más vil y perversa estará literalmente buscando a tus muchachos. Pervertidos (desde los 9 hasta los 99 años de edad, créanme), con intenciones totalmente destructivas se introducen en las salas para chatear buscando a los ingenuos. No hay razón por la cual un niño que no es sabio acerca de las cosas del mundo siquiera esté expuesto a encontrarse con estas cosas. Hazlos sabios acerca de las cosas del mundo, bajo tus condiciones y en tu propio tiempo. Ahora permíteme darte algunas sugerencias básicas:

P: ¿Cómo puedo controlar el Internet en mi casa?

R: La mejor manera de controlar el Internet en tu hogar es teniendo un sistema de contraseña de manera que la única persona que puede accesar el Internet sea la que conoce la contraseña. También debes saber que normalmente hay más de una contraseña en las computadoras. Si tienes conexión a Internet ya hay una contraseña que utilizas para conectare al servidor. Esa NO es la contraseña a la que me refiero. La contraseña que necesitas permitirá o impedirá el acceso a Internet por medio de cualquier tipo de conexión a tu computadora.

Para aprender como configurar una contraseña para permisos de conexión a Internet, con instrucciones paso por paso, conéctate a:

nogreaterjoy.org/index.php?id=control-your-net

Este método te permitirá conocer todos los accesos a Internet que ocurran desde tu computadora. Tus hijos tendrán que venir y pedirle que teclee la contraseña para que puedan usar el Internet. Así nadie podrá navegar a escondidas ni secretamente.

P: Si alguien descubre la contraseña, ¿cómo la cambio?

R: El mismo lugar en tu computadora que te permite cambiar los permisos de los usuarios te permitirá cambiar la contraseña para esos permisos.

P: ¿Es posible revisar qué sitios en el Internet fueron visitados durante el tiempo que alguien se conectó?

R: Sí, se puede revisar el registro de la "historia" en el navegador de Internet abriendo el navegador y tecleando Control-H (presionando la tecla "control" y la tecla "H" simultáneamente). La Historia reciente de los sitios visitados aparecerá cuando teclee "Control-H". Sin embargo, la mayoría de las personas que saben algo de computadoras saben como borrar el historial. Así que no dependa solamente de esto. El observar y estar alerta es el método más seguro.

P: He oído acerca de software que actúa como filtro. ¿Qué tan buenos son y cómo consigo uno?

R: Primeramente, los filtros no trabajan tan bien; alguna pornografía logrará colarse. Veámoslo así, si tu filtro garantiza bloquear el 99.99% de la pornografía, y hay un millón de sitios con algo de pornografía en ellos, entonces todavía habría 10,000 sitios que pudieran ser accesados desde tu computadora. Por otro lado, es muy bueno que puedas bloquear tantos sitios pero realmente no puedes depender de los filtros para bloquear toda la pornografía.

En segundo lugar, la mayoría de los filtros también bloquean mucha información en el Internet que no tiene nada que ver con pornografía. Por ejemplo, si quieres revisar alguna página de noticias y hay alguna referencia a "sexo" en esa página, es posible que no te permita abrir esa página. Ahora bien, es posible poder vivir sin tener que accesar esas noticias o puede ser que no valga la pena accesarlas. Tú tendrás que tomar esa decisión. Sin embargo, pienso que será necesario para la mayoría de los muchachos aprender a vivir con conocimiento de lo que está sucediendo en esta sociedad altamente técnica.

Si decides que necesitas un filtro, el mejor que yo he encontrado es: surfcontrol.com. También existen servicios de Internet filtrados que se anuncian en la mayoría de las revistas cristianas.

Pienso que el problema con la pornografía y con otros contenidos anormales en el Internet no es insuperable. Pero necesitamos personas que ayuden en esta batalla.

BEKA, ACERCA DE CÓMO SALVAGUARDAR TUS CIRCUNSTANCIAS

Sugiero que se instale una puerta de vidrio en el cuarto de la computadora. Esto permitirá bloquear el ruido para los que necesiten estudiar en silencio, pero permitirá la observación continua y la supervisión. Las puertas en las oficinas de No Greater Joy son todas de vidrio. A nadie se le permite tener secretos. También puedes decidir instalar la computadora en un área de mucho tráfico dentro de la casa por la cual continuamente están pasando personas.

Papá construyó nuestra casa de manera que todas las puertas de las recámaras dan hacia la sala principal / estancia familiar. Ninguna de nuestras puertas tenían chapas que se pudieran cerrar por dentro, sino hasta que ya estábamos más grandes y eso sólo en las recámaras de las mujeres. Nunca se nos permitía pasar tiempo en nuestra recámara a puertas cerradas. La puerta solamente podía cerrarse durante cinco minutos para cambio de ropa. Si la puerta permanecía cerrada por períodos de tiempo mayores, Papá seguramente entraría sin anunciarse para ver qué estábamos haciendo.

El siguiente paso para salvaguardar a tu familia es enseñarles cómo reaccionar CUANDO (no si) se topen con inmoralidad. Aquí está una lista breve de temas a comentar:

- Qué hacer cuando encuentren pornografía en la computadora, o en alguna revista.
- Qué hacer cuando algún amigo o familiar les muestre alguna cosa vil.

- Qué hacer cuando se hagan sugerencias o comentarios para hacer algo malo.
- Qué hacer cuando alguien trate de tocarlos indebidamente.
- Qué hacer con los malos pensamientos o imaginaciones.

En nuestra pequeña y apacible comunidad Amish donde los niños son protegidos como en ningún otro lado un día llegó una familia "trotamundo," que ya se habían metido unos con otros, con los amigos y hasta con las mascotas. ¡Cosas muy repulsivas! Se vestían y hablaban como los Amish. Pero un día, al poco tiempo de haber llegado, su hijo de diez años estaba jugando con otros niños después de la reunión de la iglesia y ofreció enseñar a los muchachos cómo copular con una perra. Uno de los niños en ese grupo había sido criado por un padre que lo había preparado para enfrentar un ataque de ese tipo. Ese jovencito rehusó escuchar, se retiró inmediatamente y fue con su padre a contarle las cosas perversas que el otro niño estaba platicando. Se habló con esa familia, que pasaba el tiempo esperando que les dieran dinero y viendo qué maldades podían hacer, y se les dijo que se mantuvieran alejados de la comunidad y de la iglesia. Esta protección para toda la iglesia fue gracias a un padre que había preparado a su hijo para saber cómo reaccionar ante una situación tan impía como la que se presentó.

Otra precaución que tomaron mis padres fue limitar, a casi nunca, el que pasáramos la noche en casa de primos o amigos. Ahora, como madre, pienso eliminar completamente esa posibilidad. Aun mis primas y amigas más conservadoras me platicaron cosas que no debía de haber escuchado cuando niña. Ahora que ya he crecido, me asombro al saber que la mayoría de esas niñas con las que en alguna rara ocasión pasé la noche habían sido molestadas cuando niñas, aun durante los años en que éramos amigas. Cuando ya habían crecido delataron a los criminales que las molestaban sexualmente. Pero en aquel tiempo guardaron silencio por temor y eran ignorantes de las maldades que les estaban pasando.

Las estadísticas de niños molestados sexualmente en los Estados Unidos son horribles. Una de cada dos niñas ha sido molestada y uno de cada cuatro niños. La esposa de nuestro pastor aquí en Gallup, Nuevo México, se aseguraba que cuando tenía visitas en su casa, que su hija durmiera con ellos en su recámara. ¡Aunque las visitas fueran familiares! Ella no confiaba en sus propios hermanos ni sobrinos alrededor de su hija. Ella fue sabia. Su hija ya ha crecido y se encuentra libre de cualquier aflicción de ese tipo. La madre misma no había sido protegida de esa manera cuando niña.

Hay tantas historias que les pudiera contar del despreciable atrevimiento de un pervertidor de menores que ha dañado a un niño, aun cuando la casa, o la habitación, se encontraba llena de personas. Nunca permitas que alguno de tus niños se siente en el regazo de alguien a quien no conoces bien. Y tampoco te sientas tan seguro como para no vigilar lo que está ocurriendo. Asegúrate que tus hijas usen mallas, shorts u otras prendas interiores que hagan que sea difícil el acceso a sus partes privadas, y que además contribuyan a la modestia. No nada más cierres los ojos y esperes que lleguen sanas y salvas a la edad adulta. No lo harán si tú no peleas por ellas. La Biblia dice: "velad y orad." La oración por ellas debe ir acompañada de una atenta "vigilancia" de sus almas, seguridad y bienestar.

La última advertencia que recomiendo, pero no la de menor importancia, es que aseguren que sus hijos entiendan el aborrecimiento que Dios tiene por las personas que molestan sexualmente a los niños. Mi papá nos leía las Escrituras que hablan del juicio de Dios sobre aquellos que hagan "tropezar a alguno de estos pequeños," y nos decía claramente qué acciones constituían una ofensa. Nos describía a Dios rompiéndoles los brazos (Salmos 10:15) y quebrándoles los dientes (Salmos 3:7; 58:6) a los hombres que violan a las niñas. Hablaba de esos hombres ardiendo en el lago de fuego por toda la eternidad. Estaba tan convencida del aborrecimiento de Dios por los pervertidores de menores, que hasta sentía lástima por ellos. Si alguien me hubiera molestado cuando niña estoy segura que no me hubiera quedado callada, porque habría estado muy segura que se estaba abusando de mí y que se me estaba haciendo una cosa mala. Muchos pervertidores de menores hacen que los niños se sientan culpables y los convencen de que solamente los están "amando." Yo sabía, sin la menor duda, que el molestar sexualmente no era amor. Asegurale a tus hijos del justo juicio de Dios sobre aquellos que causan algún daño a los niños y reclútalos para que te ayuden a estar atentos y a detectar a estas personas malvadas.

PASAJES DE LA ESCRITURA Y TEMAS QUE PUEDES LEER CON TUS HIJOS:

Sexo Santo:
> Gen. 1:28; Prov. 18:22; Job 31:1; Pro. 5:15-19; Gen. 26:8; Efe. 5:31; Heb. 13:4; Cantar de Cantares; Prov. 30:18-19

Relaciones Saludables con el Sexo Opuesto
> 1 Cor. 7:1-9; 1Tim. 5:2

La Figura de Cristo y su Esposa
> Eze. 16:8; Isa. 54:5; Efe. 5; Isa. 62:5

La Sodomía
> Lev. 18:22; Gen. 19; Lev. 20:13; Deut. 23:17; 1 Reyes 14:24; Rom. 1:26-27

Molestar Sexualmente a Niños
> Mat. 18:5-10

Bestialidad
> Lev. 18:23; Éxodo. 22:19; Deut. 27:21; Lev. 20:15-16

Incesto
> Lev. 20:17-21

Fornicación
> Prov. 5:20-23; Prov. 6:24-35; Prov. 7; 1 Tes. 4:3; 1 Cor. 6:18

Inmundicia
> Mat. 5:28; 1 Cor. 6:13-20; 1 Cor. 6:9; 1 Tim. 1:9-10

Hablando de las Cosas Hechas en la Oscuridad
> Efe. 5:3-7; 5:12; Prov. 5:3-5; Prov. 2:11-20

HAZ LAS SIGUIENTES PREGUNTAS A TUS HIJOS Y PROVOCA UNA DISCUSIÓN

¿Qué son estás cosas?

¿Quiénes las hacen?

¿Cuál es el castigo por estos pecados?

¿Qué hizo Dios con las naciones que practicaban estos pecados?

¿Qué hará Dios con la persona que comete estos pecados?

Esta no deberá ser la única vez que hablan sobre estos temas. Permite que la información fluya de la manera más natural posible. Maneja la conversación de manera que haya apertura para que cualquiera de los niños sienta la confianza de hacer alguna pregunta. Papá no convocó a una "reunión de la iglesia" para hablar de estas cosas. Más bien fue "un poco aquí y otro poco allá," en el contexto de la vida diaria. Cuando veíamos a una persona quebrantada, o leíamos algo en el periódico, o escuchábamos a un amigo compartirnos alguna situación triste, Papá nos hablaba acerca de ese pecado, de lo que decía la Biblia y de cómo ese pecado había causado tanto daño y dolor. Él no escondía de nosotros los chismes que escuchaba acerca de pecados cometidos por personas sino que los usaba como ilustraciones del bien y del mal. Papá hizo que el concepto de sembrar y cosechar fuera parte de nuestra comunicación diaria; la maldad trae juicio y muerte; la justicia y rectitud traen recompensa y vida.

Mira a tus hijos a los ojos cuando hables de estos pecados feos. Lee sus almas. Algunos de ustedes se van a pasmar. Si ganan su confianza, con el paso del tiempo pueden escuchar noticias que les van a partir el corazón. Sus hijos, por fin, tendrán el valor para confesar males que han hecho o que alguien más les ha hecho. Debes prepararte para ministrar a sus necesidades en amor y compasión. Debes estar equipado con el evangelio de Jesucristo el cual les limpiará de las manchas del pecado que les ha estado agobiando. Prepárate para llorar con tus hijos y a comenzar un proceso de sanación. Tu corazón se romperá, y no tengo ningún consuelo para ti excepto que ahora puedes evitar daños mayores y puedes ministrar a tus hijos mientras todavía hay esperanza de recuperación.

A los demás, les digo, ¡regocíjense y procedan con cautela y discreción! Ustedes están salvando a la siguiente generación de un mal que paraliza y perjudica, que Satanás está usando para esclavizar a los muchachos, muchachas, hombres y mujeres para destruir familias y naciones. Dios te bendecirá por preservar a tus hijos e hijas y por hacer posible que algún día puedan formar matrimonios fantásticos y familias fuertes. Dios ha puesto su futuro en tus manos. Sugiero que periódicamente vuelvas a leer este material, que estudies los versículos enumerados y las sugerencias que se han dado. En oración, comprométete a seguir un rumbo seguro que demuestre tu compromiso a proteger a tus hijos de los horrendos ataques satánicos que vienen sobre los niños y jóvenes. Finalmente, "La gracia del Señor Jesucristo, el amor de Dios y la comunión del Espíritu Santo, sean con todos ustedes. Amén."

Creada Para Ser Su Ayuda Idónea (Created to be His Help Meet)

Escrito por Debi Pearl. Lo que Dios está haciendo a través de
este libro es asombroso. ¿Te ha desafiado a querer ser la ayuda
idónea para lo cual Dios te creó? Oramos que así sea. Si te ha
bendecido (y a tu amado) entonces considera pasar la bendi-
ción a alguien a quien amas regalándole su propio ejemplar de
Creada para ser su Ayuda Idónea. Disponible en libros sueltos
y en cajas de 24 ejemplares (40% descuento) y leído en audio
CDs. Disponible en inglés y en español.

El Bien Y El Mal (Good and Evil)

Dios escogió introducirse a Sí mismo a la humanidad, no por
medio de principios, conceptos o doctrinas, sino por medio de
historias de profecía, guerra, misericordia, juicio, milagros,
muerte, vida y perdón. Este es el plan redentor de Dios narrado
cronológicamente desde Génesis hasta Apocalipsis.

El Bien y el Mal ha encontrado gran aceptación entre misione-
ros (está siendo traducido a 47 idiomas). Esta siendo utilizado en escuelas en el
hogar, en el devocional familiar, en iglesias y como una herramienta evangelís-
tica. Será un magnifico regalo que todos disfrutarán. Escrito por Michael Pearl y
con un espectacular trabajo gráfico por el ex-dibujante de tiras cómicas Marvel,
el artista Danny Bulanadi. Más de 300 páginas ilustradas en formato de revista
de tiras cómicas donde se presentan las historias de la Biblia en orden cronoló-
gico. Magnífico para cualquier niño, adolescente o como material para escuela
dominical. Un libro de 312 páginas. Disponible en español o inglés.

Para Entrenar a Un Niño (To Train Up A Child)

Escrito por padres exitosos, aprenda a entrenar a sus hijos en vez
de disciplinarlos. Con humor y ejemplos de la vida real, este libro le enseñará cómo entrenar a sus hijos antes de que surja la
necesidad de disciplinar. Deje por la paz la disciplina correctiva
y hágalos sus aliados en vez de sus adversarios. El estrés desapa-
recerá y sus hijos obedientes le alabarán, Disponible en español
(libro y audio CD) y en inglés (libro).

Marriage God's Way Video

A perfect marriage is 100/100. It is a man and a woman giving 100% to the other. What if he or she won't give 100%? Then you can match their 10% with your 10% and continue in an unfulfilling relationship, or, by the grace of God and the power of the Holy Spirit, you can give 100% to your spouse for their sake and watch their 10% grow into 100%.

Michael takes the viewer through the Word of God to uncover the Divine plan for husbands and wives. Available on 2 DVDs.

Only Men

Michael Pearl speaks directly and frankly to men about their responsibilities as husbands. Wives should not listen to this tape. We don't want you taking advantage of your man. Available on 1 CD or 1 Cassette.

Holy Sex

Michael Pearl takes his readers through a refreshing journey of Biblical texts, centered in the Song of Solomon. This sanctifying look at the most powerful passion God ever created will free the reader from false guilt and inhibition. Michael Pearl says, "It is time for Christian couples to take back this sacred ground and enjoy the holy gift of sexual pleasure." 82 page Book.

The Joy of Training

Michael and Debi Pearl tell how they successfully trained up their five children with love, humor, the rod, and a King James Bible. The 2 DVD set contains the same high quality, digitally filmed content as the video set and hundreds of snapshots and video clips of family and children, illustrating the things being taught. Available on DVD.

Sin No More

The big question is: "So how do I stop sinning?" You have confessed your sins, received the baptism of the Holy Ghost with evidence of everything but ceasing to sin, yet you are still a Romans 7 defeated Christian. I assure you, God not only saves his children from the penalty of sin but he saves them from its power as well. You can stop sinning.

Available in a 9 CD set, 1 MP3 CD or 7 Cassette set.

Righteousness

This set contains four messages on salvation and righteousness: The Man Christ Jesus, Saving Righteousness, Imputed Righteousness, and The Blood. The messages explore intriguing topics such as the humanity of Christ and why he referred to himself as "The Son of Man", why man's blood is required when he spills the blood of another man, God's clearly defined method of making a person righteous enough to get to heaven, and how the blood of Jesus washes away our sins. Available in a 4 CD set.

Teaching Responsibility

The difference between a man and a boy, no matter how old, is his willingness to bear his responsibility. In this seminar, Michael Pearl uses humorous stories and practical examples to illustrate the simple process of training your children to work without complaint. Cut into his speaking presentation are hundreds of video clips and photos that help illustrate his message. 2 DVD set.

Eight Kingdoms

The Bible speaks of eight kingdoms. You can't see one of them. One is coming but you can't be a part of it. Another must be resisted. You have been removed from another. You must honor another that is evil. One is now fighting for its life. One is going to smash all the others and reign forever on the earth. If you don't want to be challenged, don't bother buying this book. This book would be a gift your pastor would truly enjoy.

Free Online Resources! There is a wealth of free resources and materials on our website, www.nogreaterjoy.org. The entire teaching of Romans is available for free download as well as the Am I Saved? series and a new weekly Bible teaching every Saturday. Read or listen to excerpts of many of our products or browse our topical archive of over 250 past NGJ magazine articles on subjects from child training to homemade herbal tinctures.

Visit www.NoGreaterJoy.org or call our order line at 866-292-9936